Loi n°49-956 du 16 juillet 1949 sur les publications destinées à la jeunesse, modifiée par la loi n°2011-525 du 17 mai 2011.

© 2024 by Isabelle Equey
Édition : BoD – Books on Demand, info@bod.fr
Impression : BoD – Books on Demand, In de Tarpen 42, Norderstedt (Allemagne)
Impression à la demande
ISBN : 978-2-3225-4096-9
Dépôt légal : Juillet 2024
ISBN broché978-3-033-10432-7
ISBN eBook978-3-033-10431-0
Tous droits réservés, y compris de reproduction partielle ou totale, sous toutes ses formes.

Le fauteuil infernal

Isabel Equey

Pour Christine.

TABLE DES MATIÈRES

LA FAMILLE	13
ORCHIDÉE	21
COCOTTE	29
L'ÉCOLE	33
LA MER	41
LE DÉBUT D'UNE SALE HABITUDE	51
L'ANNIVERSAIRE	63
LE PONT DU DIABLE	69
LA TRANSFORMATION	77
LA COACH	83
LES BASKETS	89
LE BASKET FAUTEUIL	95
LE GUET-APENS	99
PREMIERS ENTRAÎNEMENTS	103
LA CATASTROPHE	109
L'ÉQUIPE	113
RAOUL	123
CRICRI ET MIMI	133
MANSOUR	143
LA COUPE	151
ROME	165

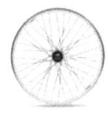

1
LA CHAISE

Didier, allongé, fixe la chaise au pied de son lit. Le siège, le dossier, les poignées, les grandes roues, les petites, la main courante, les accoudoirs, le repose-pied, des barres partout. Tout cela luit dans la pénombre. Une machine flambant neuve, le modèle le plus moderne, un engin compliqué !

Soudain, l'éclat argenté vire au brun-rouge. Il voit les roues, les grandes puis les petites commencer à tourner toutes seules, les accoudoirs se soulever, retomber, le repose-pied avancer, reculer, les barres métalliques pivoter sur elles-mêmes. « Criiiiiii-criiiiiii ». Lentement, laborieusement, imperceptiblement, tout se met en branle. Une de ces machines déglinguées, rouillées, qui roulent dans tous les sens, grincent, gémissent, clinquent et cliquettent… une vraie machine à Tinguely.

D'habitude, Didier aime ces appareils hétéroclites et bizarres qui essaient de rattraper le temps qui court. Sauf que celui-ci ne rattrape rien du tout. Personne ne viendra jamais l'admirer ni dans un musée, ni même dans un parc. Non, cette machine-ci n'a rien d'une œuvre d'art, elle n'est ni belle ni intéressante. Non, cette vision menaçante, ce train fou dont les freins ont lâché, cet engin de malheur incontrôlable, ce n'est rien d'autre que… ses jambes.

C'était il y a dix ans. Didier se souvient parfaitement. Le grand hôpital moderne, aseptisé, les six lits blanc immaculé alignés, trois de chaque côté. Il avait reçu une dose de cheval de calmants. Tout le monde le croyait endormi, alors qu'il ne perdait pas une miette de la scène qui se déroulait devant ses yeux mi-clos. Ses parents soucieux, apeurés, le front plissé et les traits tendus, étaient pendus aux lèvres du docteur. Le visage affable, compatissant, celui-ci avait prononcé sa sentence :

— Votre fils souffre de la poliomyélite. Malgré toutes les opérations et tous les soins possibles et imaginables, ainsi que notre soutien, Didier ne pourra malheureusement très probablement jamais mener une vie autonome.

La bouche ouverte, son père et sa mère s'étaient transformés en statues.

« Poliomyélite », que voulait dire ce mot barbare ? Et « autonome » ? Didier n'en avait aucune idée, sauf que ces deux mots sifflaient comme un couperet dans sa tête.

À l'âge de trois ans, suite à cette terrible

maladie, Didier est resté paralysé. Cela semble si loin maintenant, et pourtant il se souvient très bien de chaque détail : l'hôpital, la chambre impeccable, les draps sans un pli, les fleurs tristounettes sur la table devant la fenêtre, la blouse, tout ce blanc éblouissant. Et aussi de l'expression du médecin, de chaque pli de son visage au moment de prononcer la phrase fatidique. Il était encore jeune à l'époque. Il doit avoir plus de rides aujourd'hui, les mêmes en plus profond et d'autres, plus fines, lézardant peu à peu la peau autour des yeux et de la bouche. Son sourire doit être un peu moins « Pepsodent », rien de grave. Didier, lui, à treize ans, se sent déjà un petit vieux.

Une chose est sûre, il restera toute sa vie en chaise roulante. Jamais il ne se déplacera autrement que dans cet engin de malheur. Jamais il ne grimpera aux arbres, jamais il ne se roulera dans l'herbe, jamais il n'éclaboussera qui que ce soit en faisant la bombe dans une piscine, jamais il ne dansera le *rock'n'roll*. Et pire encore : jamais il ne jouera au foot. Même attraper l'emballage de *Corn-Flakes* sur l'étagère de la cuisine, si on l'a rangé trop haut, pour lui, c'est dur. C'est vraiment trop dur, dur dur, et même dur-dur-dur.

Gentiment, les roues commencent à ralentir en crissant. Les grandes roues, puis les petites, les accoudoirs et le repose-pied s'immobilisent. Les barres retrouvent leur clinquant. Le silence reprend ses droits. Encore un petit soubresaut. Pouf ! La machine infernale abandonne enfin. Didier s'endort.

2
LA FAMILLE

Didier a cinq frères et sœurs : Kevin, Jeannot, Marco, Heidi et Babette. Ils forment une sacrée bande.

L'aîné, Kevin a seize ans. C'est le grand blond avec une chaussure noire. Imaginez un premier de la classe typique, avec les lunettes à monture métallique, la raie au milieu, pas un poil de travers et, surtout, les chaussures absolument impeccables. Et ce n'est pas pour rien. Chaque soir, il prend soin de les frotter, cirer et polir jusqu'à ce qu'elles soient si brillantes qu'on peut se voir dedans. Tout son argent de poche passe pour les fringues de luxe et le gel coiffant qu'il achète en boîte de deux kilos. Quand il a moins de vingt à un test, il en fait une indigestion. C'est un vrai maniaque : il ne supporte pas qu'on lui déplace sa brosse à dents d'un millimètre. Plus tard, il travaillera dans une grande banque ou une société financière. Il s'y voit déjà : derrière le guichet avec son costard cravate gris. Le sourire ultra-commercial. En plus, il est beau parleur, ce qui fait qu'il assure toujours avec les filles, sauf avec celles qui trouvent qu'il s'exprime comme un livre, mais qu'il se ferme moins facilement.

Jeannot, âgé de quinze ans, est le deuxième de la fratrie. Avec sa dégaine de footballeur, il est le sportif de la famille. De stature athlétique, il est de taille moyenne avec des muscles bien développés, en particulier au niveau des jambes. Il porte la coupe « Undercut ». Il arbore fièrement plusieurs tatouages, dont un ballon de football sur le dos, le mot « Messi » tatoué sur la cuisse gauche, et d'autres motifs moins avouables, soigneusement dissimulés à des endroits que la décence nous empêche de préciser. Au grand désespoir de Maman, il arbore aussi des piercings aux oreilles et dans le nombril. Bien que cela la contrarie beaucoup, se rappelant son propre tatouage de papillon qu'elle s'était fait à l'épaule à l'âge de seize ans, elle a fini par céder et a donné son autorisation.

Jeannot est également le plus fripouille et un casse-cou. Il s'est déjà fait une entorse du ligament externe de la cheville, déboîté le genou, déplacé plusieurs vertèbres, fracturé le tibia, au foot bien entendu. Il s'est plusieurs fois brisé le nez, ce qui lui a donné ce profil peu banal, mais cela, c'était en exerçant le saut périlleux arrière sur son *bike*.

Récemment, il a commencé le bodybuilding, mais Didier soupçonne que ça, c'est pour avoir des tablettes de chocolat. Sur le mur au-dessus de son lit, il a collé un énorme poster du film *Mission Impossible III* avec Tom Cruise.

Ensuite, vient Marco, le geek. À quatorze ans, avec ses lunettes rondes qui lui mangent le visage, il ressemble à Harry Potter. Sauf qu'il porte ses longs cheveux bruns attachés en chignon. Il passe tout son temps sur l'ordi. Quand il a fait ses devoirs (en cinq minutes grâce à ChatGPT), il va sur TikTok, Snapchat, Facebook, Instagram et X, puis sur les jeux vidéo. Il est complètement addict. Plus tard, il sera, qui l'eût cru, informaticien. Didier soupçonne que la vie réelle le saoule à mourir.

Didier est le quatrième. Après lui, vient encore Heidi, une petite souris espiègle de douze ans. Pendant longtemps, ses dents de lait ont eu du mal à céder leur place aux définitives. Ensuite, de larges espaces vides prédominaient. Les deuxièmes ont fini par pousser, mais sens dessous dessus, n'importe comment, si bien qu'elle a dû mettre un appareil. C'est ce qui lui donne ce sourire irrésistible.

Elle adore les animaux, tous, mais vraiment tous, et ceci de manière inconditionnelle. Pas seulement les chiens, les chats, les tigres ou les dinosaures, mais aussi et surtout les… poules. C'est dire. Si on la laissait faire, elle transformerait l'appartement en arche de Noé. Une fois que Didier se plaignait d'avoir été méchamment piqué par les moustiques, elle a décrété : « Il faut bien qu'ils se nourrissent ». Alors là, Didier est resté sans voix.

Un jour, elle a ramené Arthur à la maison. C'est un rat blanc très intelligent. Maman n'a rien pu faire : Heidi et lui sont inséparables.

Logiquement, Heidi est végétarienne. Elle a bien essayé de convaincre le reste de la famille de ne pas manger de « cadavre », comme elle dit, mais c'est peine perdue. Ils aiment bien trop la « viiiande ». Elle a eu beau leur expliquer les animaux qui souffrent, les élevages industriels avec des milliers de vaches, qui ne verront jamais la lumière du jour et d'autres horreurs, ils ne renonceront jamais ni à leurs steaks, ni à leurs hamburgers, et certainement pas à leurs saucisses. Quoi qu'on dise et quoi qu'il arrive, ils sont et resteront carnivores.

Et enfin, après elle, il y a encore Babette, la petite dernière, le chouchou. Avec ses sept ans, ses nattes blondes et ses yeux bleus, elle ressemble à une poupée. Évidemment, elle est pourrie, gâtée. Tout le monde lui cède tout. Elle est déjà passée par les phases Hello Kitty, Barbie, Bob l'Éponge et Hot Wheels. Ce qui a coûté une fortune à Maman. À l'âge de sept ans, elle lui met encore le dentifrice sur sa brosse à dents. C'est dire.

Et puis, il y a Maman, bien sûr. Elle travaille dans un établissement médico-social (EMS), généralement la nuit. Sa vie, c'est jongler entre le jour et la nuit, entre ses petits vieux et ses enfants bien-aimés, et c'est bien un peu la galère. Pourtant, il est rare de la voir sans son sourire éclatant et ses yeux en forme de cerise qui ne pétillent pas de joie.

De tous, c'est Heidi que Didier préfère. Pourquoi ? Il n'en sait rien. Elle est marrante avec ses couettes blondes démodées, ses taches de rousseur et son appareil dentaire, qui ne l'empêche pas de rire comme une chèvre.

Ce sont ses frères et sœurs, il ne les a pas choisis et eux non plus. Ce sont des enfants très ordinaires. Comme tous les enfants du monde, ils courent comme des lapins, bondissent de joie, grimpent dans les arbres, montent les escaliers quatre à quatre, jouent au foot, font du vélo et mille autres choses amusantes. Sauf Kevin, évidemment, qui préfère, une fois qu'il a fini ses devoirs bien sûr, regarder des documentaires à la télé.

Il a fallu que cela tombe sur lui : Didier. Pourquoi ? Il a cessé de se poser la question. Il les voit s'amuser, se disputer tout au long de la journée, se rouler par terre en se rouant de coups, pour, à la fin, tout oublier et étouffer de rire. Ça, c'est la vraie vie. Lui a dû apprendre à se taire à la place de crier, à grincer des dents au lieu de sourire, à grimacer pour ne pas pleurer, à serrer son poing dans sa poche pour éviter de taper dans le tas.

Sa famille et ses amis se sont habitués à le voir ainsi. Ils n'éprouvent pas spécialement de compassion pour lui, et c'est très bien comme ça.

— Tu viens Didi ?

Ils l'emmènent toujours avec eux en balade comme on trimballe un ours en peluche. L'ours en peluche non plus ne peut pas marcher seul, mais il fait quand même partie de la famille. On le pose dans l'herbe et puisqu'il est bien sage, on l'oublie et on court s'amuser. Mais voilà qu'au bout d'un moment, il commence à râler, il n'est pas content du tout, la colère gronde en lui et il finit par devenir carrément grognon. Qui s'en soucie ? Un ours en peluche furax, ça fait plutôt rigoler. Le soir, on le rentre à la maison en traînant les pieds et regrettant de l'avoir emmené. Sans lui, finalement, on aurait été plus léger.

—Tu viens Didi ?
—Appelle-moi Teddy !
—Teddy ?
—Oui, Teddy, l'ours.

Personne n'y comprend rien. Quel râleur ! Et avec ça, un caractère de cochon !

Didier sombre, la tête baissée, fulmine et bave de rage, mais la boucle. Le mieux serait de taper, mais pour cela il n'a que les poings. Taper du pied, oui, voilà ce qu'il aimerait le plus pouvoir faire, ou plutôt encore mieux… taper dans le ballon.

Car voilà, le foot, c'est sa passion. Il le regarde à la télé bien entendu, aussi souvent que possible. C'est-à-dire quand ses frères et sœurs n'ont rien d'autre à voir. Il connaît par cœur tous les classements des clubs et joueurs de toutes les ligues du pays, le classement général et le classement domicile. Les photos de ses héros tapissent sa chambre : Ronaldo, Messi, Maradona et Kilian Mbappé. Au beau milieu trône un ballon couleur argent étincelant, qui porte la dédicace de David Beckham, son idole. C'est Clem, sa cousine, qui le lui a offert pour son anniversaire. C'est un cadeau magnifique. Clémentine, Clem pour les intimes, est la seule personne avec qui il peut parler « foot ». Il y aurait aussi Jeannot bien entendu, mais pour cela il faudrait qu'il ait le temps. Alors que Clem, elle est vraiment cool. Il faut dire qu'il a encore quatre cousines : Framboise, Cannelle, Cerise, Prune et un cousin Anis. Mais ceux-là sont tous chelous, alors que Clem… C'est rare pour une meuf de s'intéresser au foot.

En hiver, quand il fait trop froid pour aller dehors, chez les Spätzli, on joue au *Monopoly*. On y passe parfois toute la nuit, jusqu'à ce quelqu'un l'emporte. Et alors là, Didier est imbattable. Il finit toujours par s'acheter un empire, rafler tout l'argent de ses adversaires, mettre tout le monde en faillite et être le roi de la ville.

Ça lui arrive pourtant d'être battu, très rarement, mais cela arrive. Bien sûr, en général, c'est Kevin qui y parvient. Toujours lui !

— Je ne joue plus jamais avec toi, dit Didier.

— Mais pourquoi ?, demande Kevin d'un air innocent.

— Tu triches.

— Pas du tout, tu es simplement un mauvais perdant.

Les yeux de Didier se mettent alors à lancer des flèches de tous les côtés et puisqu'il ne peut pas aller se cacher sous la table, comme Heidi, pour cuver sa rage, il se retire dans sa chambre et on n'entend plus parler de lui jusqu'au lendemain.

3
ORCHIDÉE

Maman, qui comprend toujours tout, parce qu'elle est une maman, a eu une idée pour adoucir un peu la vie de Didier. Et pour cela, quoi de mieux qu'un chat. Un chat, c'est indépendant, élégant, fidèle, affectueux, silencieux et propre, quoi de plus pratique ? Didier n'aime pas les chats. Il a toujours rêvé d'avoir un bouledogue, tout lisse, tout noir et bien laid. Il serait son bras droit et lui servirait en même temps de chien de garde. Le voisin du dessus en a un. Il a un air nu et déplumé comme un oiseau privé de liberté, et même depuis qu'il a un collier à clous, un look de repris de justice. Didier s'est tout de suite senti une parenté avec lui. Sauf qu'il n'est pas sûr qu'un bouledogue soit si docile. Ou alors un labrador doré avec de grands yeux doux, qui sache décrocher le téléphone et ouvrir les portes. Ça, c'est génial. Il a connu un vieil homme en chaise roulante, dont le chien dressé lui apportait son journal, et arrivait même à ouvrir le frigo pour lui donner sa bière. Didier rêve souvent qu'il possède un tel chien. Il lui a déjà donné un nom : « Maurice ». Souvent, Maurice pose sa tête sur ses cuisses et tous les deux, ils s'endorment, Didier en jouant à *The Legend of Zelda* sur l'ordinateur et Maurice en rêvant d'un os plus gros que lui.

Cependant, Maman affectionne particulièrement les félins, et le destin semble lui avoir donné raison, car la famille a hérité d'un chat, ou plutôt d'une chatte toute blanche. Elle s'appelle Orchidée et n'a rien d'un bouledogue. En fait, elle appartient à une voisine, Madame Fleur, mais celle-ci a dû partir d'urgence à l'hôpital. Cette dame d'un certain âge vit seule, elle n'a pas de famille et personne qui puisse s'occuper de son chat, alors Orchidée est restée là, à gémir devant la porte fermée. Avant qu'elle ne se fasse écraser par une voiture, Maman a voulu la recueillir. Elle admire depuis longtemps cette chatte magnifique. Il a suffi de lui donner quelques croquettes pour l'apprivoiser et la faire entrer dans la famille.

Orchidée est très belle et elle le sait. Elle arbore de longs poils soyeux blancs immaculés et des yeux marron, ce qui est, paraît-il, d'une grande rareté. Si ça se trouve, c'est même un chat de race. Maman est allée rendre visite à la voisine à l'hôpital. Madame Fleur ignore quand elle rentrera à la maison et même si elle rentrera un jour, et est soulagée qu'Orchidée ait trouvé une nouvelle famille. Pour ce qui est de son origine, elle n'en sait rien. Orchidée l'a, un beau jour, suivie jusque chez elle et ne l'a plus quittée.

Madame Fleur a donné des instructions très strictes à Maman. Il faut aller dans l'appartement chercher la corbeille de la chatte. Elle contient sa couverture préférée, rose à cœurs blancs, sans laquelle elle dort très mal et risque de faire des cauchemars. Orchidée est allergique au bœuf et au veau, le poulet l'écœure et lui donne des crises de foie, le canard lui donne des ballonnements, et elle dédaigne les croquettes qui sont bien trop sèches et qui sont bonnes pour les chats de gouttière. Si on ne lui achète pas du sable de la marque « Culotte ultra-sèche », elle fait ses besoins à côté de la caisse. Pour démêler ses longs poils, il faut les brosser tous les jours avec un peigne spécial, sinon ils forment des nœuds inextricables, ce qui la démange. La voisine conseille aussi d'utiliser à cet effet de l'huile dermatologique de vison et surtout d'éviter l'huile d'olive, dont l'odeur l'incommode beaucoup. Si on oublie d'effectuer son brossage quotidien, elle se met à faire des irritations, des croûtes ou des plaques et cela peut même aller jusqu'à des difficultés respiratoires.

Elle a horreur de la solitude, mais déteste tout autant ses semblables. Elle est la terreur des chiens du quartier. Il y a un teckel irlandais, qui a d'elle un souvenir glaçant. Elle n'aime pas les gens non plus, la plupart ne pensent qu'à s'empiffrer, sans même laisser aux chats le soin de lécher l'assiette vide. Par contre, si on la traite avec gentillesse, cède à tous ses caprices, elle ne nous le rend bien et peut rendre de grands services.

— Ah oui ? demande Maman à la voisine. Et

comment ?

— En hiver, elle peut servir de chauffe-pieds, répond Madame Fleur.

Orchidée n'a rien d'un animal docile, elle est même très mal élevée et ne fait toute la journée que ce qu'il lui plaît. Elle rentre, sort, dort et mange ce qu'elle veut et quand elle veut. Son passe-temps favori, c'est dormir. Elle dort douze heures par jour. Elle a, pour cela, ses endroits privilégiés. Par exemple, sur le clavier de l'ordinateur de Didier, surtout lorsqu'il veut jouer, le journal que Maman a l'intention de lire ou les devoirs de Kevin. Et si ça ne vous plaît pas, elle vous donne un coup de griffe sur le nez.

Au réveil, elle est souvent de très mauvais (bien qu'il soit très beau) poil. Le soir, elle miaule pour qu'on la fasse sortir. Comme la famille habite au rez-de-chaussée d'un grand immeuble, elle rentre et sort comme elle veut. Enfin, il faut encore lui ouvrir la porte de la terrasse. Une fois dehors, la princesse décide généralement qu'il fait trop froid ou trop chaud, et qu'elle doit, d'urgence, rentrer. Quelques secondes plus tard, elle penche plutôt pour sortir. Bref, la princesse est toujours du mauvais côté de la porte-fenêtre.

Au printemps et à l'automne, quand elle a son « cycle », comme l'appelle Maman : changement de régime. On l'entend faire ses vocalises pendant des heures. À ces périodes, elle aime sortir toute la nuit. Personne ne sait ce qu'elle fabrique. Il y a dans le quartier des matous, qui ont l'air plus ou moins mal famés et on perçoit parfois des « miaoux, miiaaoux, miiiaaaoux », et même des « mmmiiiaaaouuux », qui laissent supposer qu'on ne s'ennuie pas dehors la nuit quand on est un chat. Mais Orchidée n'a de compte à rendre à personne sur sa vie privée, qui ne nous regarde d'ailleurs en rien.

Elle adore se cacher dans les cartons, sous les couettes et les couvertures, sous n'importe quoi d'ailleurs, mais surtout à l'intérieur des armoires. Une porte mal fermée, entrebâillée, voilà pas qu'il faut à tout prix qu'elle se faufile dedans, ni vu ni connu. Elle fait là un petit roupillon réparateur et gratte contre la porte quand elle veut sortir. Si on n'accourt pas aussitôt, elle pousse des cris effrayants, pleure comme un bébé à en fendre l'âme. Lorsqu'enfin on vient la libérer, elle passe devant vous majestueusement en vous jetant un regard accusateur et dédaigneux avec l'air de dire « C'est pas trop tôt ! »

En plus, elle choisit ses armoires, et celles qu'elle préfère sont remplies de linge bien propre et bien repassé. Elle peut sauter jusqu'au troisième tablard[1], et mettre le boxon là-dedans. Cela exaspère Maman, mais surtout Didier.

Lui qui s'habille toujours de noir se retrouve évidemment plein de poils blancs et s'il y a quelque chose qui l'énerve, c'est bien ça. Le matin, quand il est bien pressé pour partir à l'école, il faut encore qu'il nettoie ses vêtements au rouleau adhésif anti-poils d'animaux. Bref, cette chatte est vraiment invivable.

Son ancienne maîtresse l'avait bien dit, Orchi-

---

[1] Mot suisse désignant le rayon d'une étagère

dée est une gourmande. Elle ne mange pas de croquettes comme tout le monde, mais uniquement du ragoût de la marque « Princesse », évidemment la plus chère. Si on s'entête à lui donner autre chose, elle fait la grève de la faim. Et si vraiment il ne reste plus que ça, elle en grignote juste un petit morceau et cinq minutes plus tard « renvoie » toute la marchandise sur le tapis persan du salon.

En général, c'est Didier qui s'occupe d'ouvrir les boîtes de Princesse et, s'il ne va pas assez vite, elle s'impatiente en hurlant comme cochon pendu. Elle exécute la danse de Saint-Guy, tout en s'empêtrant régulièrement dans les roues de Didier, et a déjà manqué à plusieurs reprises de faire tomber son fauteuil.

Chaque soir, à minuit pile, elle entre dans une folie furieuse et renverse tout ce qui se trouve sur son passage : plantes vertes, chaises, vases et autres bibelots.

Une fois par jour, elle a une crise de manque d'amour. Son préféré, c'est Didier. Elle lui saute sur les genoux et fait « Miaouaouh ! », ce qui veut dire soit « Je veux des câlins », soit « Joue avec moi ! », soit « J'ai horriblement faim », c'est selon, mais en tout cas c'est très urgent.

En fait, c'est une lèche-botte et une hypocrite de première classe. Elle roucoule et ronronne comme locomotive, elle vous joue le grand amour avec des yeux en forme de cœur, qui disent *« LOVE LOVE LOVE »*. Une fois qu'elle a reçu sa pâtée, elle vous ignore complètement.

Orchidée a quand même un avantage, c'est qu'elle est vraiment très propre. Elle a même horreur de la saleté. Elle se lave plusieurs fois par jour, et tient à rester aussi blanche que des œufs montés en neige. Elle fait bravement ses besoins dans la litière, sauf si Maman s'est trompée de marque ou que Didier a oublié de nettoyer. Le sable légèrement mouillé l'horripile, alors elle est bien obligée de faire dans le beau fauteuil en velours de Maman. Ben voyons !

S'absenter plus qu'un jour ? La famille Spätzli n'y pense même plus. Cette année-là, elle avait décidé de passer un week-end de Pâques reposant au bord du lac, sous le joli soleil du Tessin. Mal lui en a pris. D'abord, ils ont passé presque tout le week-end dans les bouchons et, ensuite, ils ont bien aperçu l'eau du lac, mais ils ont surtout senti celle qui leur tombait sur la tête. En revenant à la maison, une autre sorte d'eau les attendait. Orchidée, très excédée par leur absence, avait trouvé la punition idéale en faisant un gros pisson[2] sur le lit de Didier.

Ce soir-là, Didier rentre du souper de classe annuel. Il n'a qu'une idée en tête : son lit. Il s'affale tout habillé et encore en chaussures. Il n'a même pas la force de laver les dents. Orchidée est déjà là, étalée comme d'habitude au beau milieu du matelas et prend une place énorme. Elle dort enroulée sur elle-même avec sa queue élégamment posée sur sa tête comme un masque de sommeil pour ne pas être dérangée. Elle est absolument abasourdie qu'on puisse avoir le culot de la réveiller. Didier finit par la pousser, juste un petit bout, tout doucement.

---
[2] Mot suisse

— Miawouah ! proteste la princesse.

Didier s'étend sur la gauche pour lui laisser la plus grande place. Mais Orchidée se retourne avec lascivité. Au bout de dix minutes, il ne lui reste plus que dix centimètres pour ses pieds. Et, si on considère que Didier chausse quand même du 47, c'est quand même un peu peu. En retenant son souffle, il soulève ses jambes avec ses mains pour les déposer très discrètement, sur la droite cette fois-ci. Après dix minutes, il ne lui reste plus que sept centimètres pour ses pauvres pieds. C'est fou ce qu'un chat peut remuer en dormant. Finalement, il saisit ses jambes, les écarte, entoure la chatte avec, en faisant attention que l'animal se trouve au milieu, espérant ainsi la coincer. Mais là, dans cette position, il attrape des crampes dans les hanches. Impossible de dormir. En outre, c'est à peine croyable, elle ronfle. Par dépit, il la pousse gentiment hors du lit, elle a sa corbeille après tout. « Grrrrrrrrrrrrrr ». Quel culot ! Elle grogne, arque le dos, déploie ses griffes, remonte sa lèvre supérieure et montre les crocs. Elle lance à Didier un regard de tigresse, se lève et avec des airs de star s'en va, sans omettre, en passant, de lui mordre l'orteil. Il fallait s'y attendre. Une vraie sale bête !

4
COCOTTE

Heidi, la sœur de Didier, a trouvé un job de vacances. Elle travaille désormais en tant que collaboratrice du professeur Dr Med. vétérinaire, Hans Ulli Vögeli, spécialiste Volailles de l'Université de Berne. Une fois par année, on y organise et met en place la collecte d'échantillons de poule pour les contrôles. Les éleveurs et les éleveuses ont envoyé par la poste quelques gallinacés pour les faire tester. Heidi doit prélever quelques gouttes de sang sur les animaux via une petite ponction d'une veine de l'aile. Elle verse le liquide dans l'éprouvette. La plupart des examens sont bons. On informe les propriétaires qu'ils peuvent venir reprendre leur bien. Une petite poule est restée là toute seule, oubliée et de toute manière la personne n'en voulait plus. Il faut dire qu'elle a un air maigrichon, rabougri et déplumé, on se demande même si elle est capable de pondre.

Le professeur annonce à Heidi :

— Heidi, personne ne veut de cette poule, on doit la « neutraliser ».

Heidi sait ce que cela signifie, mais elle n'a pas la force de se débarrasser de « Cocotte », car c'est comme cela qu'elle l'a appelée. En cachette du patron, elle la met dans son sac à dos et l'amène à la maison.

— Qu'est-ce que c'est que ça ? demande Maman.

Cocotte fait beaucoup rire toute la famille. Avec ses petits yeux vifs, elle inspecte le monde avec curiosité et court dans toute l'habitation. Elle explore chaque recoin. Mais, qu'est-ce qu'on va bien pouvoir en faire ? Elle semble bien trop faible pour pondre, quant à ses maigres cuisses, on n'en ferait pas trois nuggets. Même farcie aux champignons, bacon et fromage, non ça n'en vaudrait pas la peine. Et si on la gardait, il faudrait encore s'en occuper, la nourrir et nettoyer ses fientes. Didier est d'accord de s'y coller. Maman hésite beaucoup. Mais, avec son petit air pincé, cette poule est irrésistible. Finalement, elle craque et se laisse convaincre : Cocotte peut rester. Dans un vieux carton, Heidi arrange de la paille pour lui faire une maison. Heureusement, la famille Spätzli a une grande terrasse. À manger, on lui donne des restes, des épluchures de légumes et de fruits, de la salade, du pain mouillé et même un peu de charcuterie.

Contre toute attente, le lendemain matin, dimanche, Didier découvre au fond de la boîte un magnifique œuf tout frais et, tout le monde est d'accord, il est pour lui. Il le fait cuire trois minutes, à la coque. Quel délice ! Comme la famille compte sept membres, chacun aura son œuf un certain jour de la semaine. Didier se réjouit beaucoup pour son œuf à la coque du dimanche. Lui et Cocotte s'entendent à merveille. Surtout, que, de temps en temps, il lui refile un petit supplément de mortadelle. Elle adore ça. Ils se parlent en langage cot-cot. Des fois, il la prend sur ses genoux et elle lui donne des petits « bisous » dans le cou.

Mais voilà, pendant la journée, les enfants sont à l'école et Cocotte s'ennuie. Alors, elle suit Maman comme un chien toute la journée dans toute la maison, ce qui finit par l'énerver beaucoup. Elle la dérange dans ses travaux ménagers. En plus, quand Cocotte voit Orchidée qui dort profondément dans sa corbeille, elle se prend soudain pour un coq et émet un son strident, qui ne ressemble en rien à un chant. La chatte se réveille, prise de terreur. Elle émet des grognements, des cris stridents, et ses dents claquent bruyamment. Son poil hérissé double de volume. Quelle poule mouillée, cette Orchidée ! Ces deux-là, elles ne sont pas copines.

Mais Maman en a marre. L'un des amis de la famille est un agriculteur, qui se consacre depuis toujours à l'élevage de poules. Or, Monsieur Quiqui n'en veut pas. Il n'a pas de place dans son poulailler pour une poule difforme.

— Elle pond quand même son œuf chaque jour, dit Maman.

Monsieur Quiqui finit par se laisser convaincre, il accepte de la garder, mais il faut qu'on lui verse une pension de 50 CHF par mois.

Maman doit d'abord en parler avec la famille :

— Monsieur Quiqui a promis de bien s'en occuper, et son poulailler a très bonne façon.

— 50 CHF ! s'exclame Kevin. Dis donc, le vieux, il exagère ! C'est la poule aux œufs d'or.

Mais il n'y a pas d'autre solution, Cocotte doit partir. Heidi est en pleurs.

Didier aussi est triste, il aimait Cocotte. Pour lui, elle valait plus que cela. Il ne l'aurait pas donnée pour tout l'or du monde. Ou presque. Et puis, son œuf à la coque du dimanche, tout chaud, tout frais, c'était le grand luxe. Qui va le pondre maintenant ?

5
L'ÉCOLE

La maternelle et le jardin d'enfants, Didier les avait accomplis à la maison. Un éducateur spécialisé du centre médico-social venait tous les jours pour lui donner une base. Mais ce système n'avait pas pu fonctionner pour la suite. L'éducateur avait pris sa retraite, et il avait bien fallu que Didier fasse sa scolarité comme tout le monde. Maman avait bien réfléchi. Il aurait dû fréquenter le même établissement que ses frères et sœurs. Cela aurait été vraiment génial. C'était ce que tout le monde pensait, en tout cas. C'est-à-dire les orienteurs professionnels, les conseillers, la direction des écoles, les travailleurs sociaux et autres psychologues de tout poil. Cela aurait permis aux écoliers valides de mieux connaître les différences liées au handicap, de favoriser la tolérance, l'ouverture d'esprit, et blablabla. L'école ne possédait pas d'ascenseur, qu'à cela ne tienne, Didier avait été placé au rez-de-chaussée. La chaise roulante ne passait pas la porte des toilettes, qu'à cela ne tienne, on lui installerait des toilettes séparées. Basée sur l'expérience des années précédentes, où l'école avait dû refuser des handicapés à cause de la largeur des salles et des toilettes, la direction procéderait à toutes les adaptations nécessaires. Les autorités de la commune en avaient fait la promesse. Maman et la maîtresse s'étaient rencontrées avant la rentrée. Elles étaient enthousiastes, c'était une première dans le canton, il fallait donner l'exemple.

Le premier jour d'école était enfin arrivé. Tout le monde était nerveux. Cette fois, c'était la « vraie » école qui commençait. Les parents accompagnaient les enfants et faisaient connaissance avec la maîtresse. La plupart des enfants se connaissaient déjà, car ils étaient ensemble au jardin d'enfants. D'autres étaient nouveaux, car ils étaient allés dans une autre école ou ils venaient d'un autre village. Une fille qui s'appelait Léna pleurait toutes les larmes de son corps. La maman était alarmée et essayait tant bien que mal de la consoler.

— Mais, ma Léna chérie, tu vois, tes amies sont encore là, la maîtresse est tellement gentille et tu vas apprendre à lire, tu verras, c'est passionnant, ça va aller.

Les autres mamans étaient compatissantes : Léna avait vraiment l'air traumatisée.

Pour l'occasion, sur chaque place, la maîtresse avait déposé un petit pain en forme de hérisson avec des yeux en raisin sec. Léna montrait son petit pain du doigt :

— Bouh, ouh ouh ! Mais non, maman, ce n'est pas ça, réussit-elle à prononcer entre deux sanglots à fendre l'âme, tu sais bien que je déteste les raisins secs.

Didier leva les yeux au ciel : les meufs, que ça peut être bête !

À première vue, la maîtresse avait l'air plutôt chouette. Elle s'appelait Natascha Chappaz, était très mignonne et était habillée moderne. Elle avait de grandes lunettes à monture noire qui lui mangeaient le visage, et derrière, des yeux marron comme des boules de billard.

Elle avait accordé la priorité à Didier pour qu'il puisse choisir son emplacement dans la salle et s'y sentir à l'aise. Il s'était mis tout devant, comme ça, personne ne pouvait l'ignorer. Personne ne le regardait bizarrement et il se sentait bien intégré. Les autres enfants s'étaient éparpillés au petit bonheur la chance. Les pupitres étaient à deux places. Finalement, toutes les paires ayant été formées, il ne restait plus qu'une place de libre, près de Didier. Or, une fille avec des taches de rousseur et des tresses blondes jusqu'au dos était restée debout. Il fallait bien qu'elle s'assoie. Elle regardait la chaise vide à côté de Didier et se demandait pourquoi c'était elle qui devait être assise là, à côté de... Mais qu'est-ce qu'elle faisait de faux ? Elle avait toujours eu un peu de mal à se décider, et maintenant il fallait qu'elle s'assoie à côté d'un handicapé. Elle finit par s'avancer dans l'allée, avec hésitation, presque à reculons, comme un condamné vers le lieu de son exécution. Elle examina la chaise à côté de Didier, minutieusement, la saisit, la retourna et la secoua comme pour s'assurer qu'elle n'était pas cassée. Elle finit quand même par s'asseoir dessus. Elle regardait Didier avec une drôle d'impression. Il y avait de la gêne dans ses yeux, de la peur et autre chose : Didier n'aurait pas su dire ce que c'était. Elle n'osait rien dire, mais le fixait avec insistance.

— Tu veux ma photo ? questionna Didier.

Elle semblait avoir compris le message. Elle réussit même à faire un demi-sourire.

— Je m'appelle Cunégonde, dit-elle, et toi ?

— Moi, c'est Didier, mais on m'appelle Didi.

Cunégonde, se dit Didier, *elle s'appelle vraiment comme ça ? La pauvre !*

Il avait presque demandé si elle avait aussi un diminutif et s'était ravisé à temps. Il ne voulait quand même pas risquer de devoir l'appeler « Cucu ».

On avait fini de papoter. Comme c'était le premier jour, les parents pouvaient rester jusqu'à midi et assister au cours. C'était parti. Et voilà que la maîtresse, qui s'était présentée de manière si charmante, se transforma en robot.

Elle parlait d'une voix parfaitement monocorde de l'alphabet et c'était aussi ennuyeux que si elle récitait le bottin téléphonique.

À dix heures, la cloche sonna. Elle annonçait la récréation et tout le monde fut soulagé. Ce fut la ruée vers l'extérieur, vers la liberté et, sur le chemin, la chaise de Didier, qui se trouvait près de la porte, était un obstacle.

Il manqua à plusieurs reprises de se faire renverser par un troupeau d'élèves rasant tout sur leur passage. C'était un vrai rouleau compresseur. Ce fut la panique complète. Les parents, enfin ceux qui étaient restés et qui avaient réussi à ne pas s'endormir, criaient à leur enfant de faire attention. Mais les enfants n'entendaient rien. La maman de Didier, qui s'était ennuyée à mourir, était partie depuis longtemps.

Comme il ne pouvait de toute façon pas jouer avec les autres, Didier était resté seul dans la classe pendant la pause. Il demanda à la maîtresse où étaient les toilettes. Il se souvenait très bien qu'on lui avait promis des toilettes adaptées aux fauteuils roulants. Très fière, Madame Chappaz le mena vers une espèce de placard à balais. Ben bravo !

Didier entra dans le placard à balais et se retrouva face à… une chaise à trou. Génial !

— C'est du provisoire, lui avait promis Madame Chappaz. On a un peu de retard, c'est tout.

Le temps est passé, mais le collège non plus, ce n'est toujours pas la tasse de thé de Didier. En fait, tout le rase, sauf les cours de français. Le professeur, Monsieur Rime, a décidé de s'attaquer directement au meilleur, Baudelaire. Le poète malade, amateur de rhum et d'opium ne peut que plaire à Didier. Son poème préféré est l'Albatros. Monsieur Rime a décidé de le faire apprendre par cœur aux élèves. Ils ont beau protester de toutes leurs forces, car Baudelaire leur casse royalement les pieds, Monsieur Rime n'en démord pas, ils ont jusqu'à demain pour apprendre l'Albatros par cœur.

Il interrogera et cela fera une note qui comptera dans le carnet. Didier la boucle, il y a longtemps qu'il connaît l'Albatros sur le bout des doigts. Il lui a suffi de le lire deux fois.

Arrive l'heure fatidique. Monsieur Rime considère les élèves. Certains espèrent vaguement, en détournant le regard, échapper à l'inquisiteur. Didier est impassible.

— Didier, tu veux bien réciter le poème ?

Didier doit venir devant et se tourner vers l'audience. Il récite :

— *L'Albatros. Souvent, pour s'amuser, les hommes d'équipage*

»Prennent des albatros, vastes oiseaux des mers,

»Qui suivent, indolents compagnons de voyage,

»Le navire glissant sur les gouffres amers.

Dans la salle de classe, on n'entend plus une mouche voler. Didier étend ses bras pour mimer le mouvement majestueux des ailes de l'oiseau.

Il n'y a plus de fauteuil roulant. Le roi de l'azur c'est lui.

— *À peine les ont-ils déposés sur les planches,*

»Que ces rois de l'azur, maladroits et honteux,

»Laissent piteusement leurs grandes ailes blanches

»Comme des avirons traîner à côté d'eux.

Didier laisse tomber ses bras le long de son corps. Comme il a l'air gauche et veule.

— *Ce voyageur ailé, comme il est gauche et*

veule !

»Lui, naguère si beau, qu'il est comique et laid !

»L'un agace son bec avec un brûle-gueule,
»L'autre mime, en boitant, l'infirme qui volait !

« L'infirme qui volait », cela ferait un beau titre pour la biographie de Didier. Il l'écrira peut-être un jour.

— *Le Poète est semblable au prince des nuées*
»Qui hante la tempête et se rit de l'archer ;
»Exilé sur le sol au milieu des huées,
»Ses ailes de géant l'empêchent de marcher.

Baudelaire est ressuscité. Enfin, les élèves découvrent la beauté du poème. On entend même des filles renifler dans leur mouchoir. Monsieur Rime est enchanté.

6
LA MER

Didier a toujours rêvé d'aller à la mer. Il ne l'a jamais vue. Sauf à la télé bien entendu. Oui, la mer immense et, par-dessus, l'albatros majestueux qui se rit des matelots.

Il aimerait tant se rendre en Italie. Là où les gens parlent avec les mains une langue aussi colorée que le paysage. Il arrive sur une plage blanche, il se laisse glisser jusque dans l'eau. Il ne pèse plus rien, il flotte et s'endort en faisant la planche. Quand il se réveille, sa chaise est partie à la dérive et se retrouve en Lybie. C'est le colonel Kadhafi qui va être étonné. Ah non ! C'est vrai, le colonel Kadhafi, il est mort.

Maman ouvre l'enveloppe. Encore de la pub débile : « Vous avez gagné une croisière pour toute la famille, quelle que soit sa grandeur. » Et vlan…

Dans le papier. Il va de nouveau bientôt falloir faire une pile et porter tout ça à la cave. Ça, c'est le travail de Didier. Il peut facilement y descendre avec l'ascenseur. D'ailleurs, il n'a jamais râlé, finalement il semble bien aimer cet endroit, allez savoir pourquoi. Heureusement, puisque Kevin a horreur de la poussière, Jeannot, malgré ses airs de malabar, craint les souris, Marco, qui regarde trop « Les crimes de sang » à la télé, est sûr d'y trouver des cadavres, Heidi a peur du noir et Babette crie à la vue de la moindre petite araignée.

Chaque membre de la famille Spätzli a une tâche bien définie. Kevin doit aider pour le repassage, Jeannot l'aspirateur, Marco les fenêtres, Heidi la lessive et Babette est trop petite pour faire quoi que ce soit. Didier, c'est le papier, et ça lui convient. On n'y coupe pas, et Maman sait gronder s'il le faut. La famille Spätzli, c'est une affaire qui roule.

Bon, se dit Maman, *je m'occupe encore de cette montagne de factures et puis j'entame le souper. Je crois que des crêpes au chocolat, ça ira pour tout le monde.* Maman a fait une montagne de crêpes. Les enfants se précipitent dessus à une telle vitesse que Maman n'a pas eu le temps de les compter. En quelques secondes, la montagne a fondu. Les enfants commencent à se chamailler.

— J'en ai eu que quatre, râle Heidi.

— Et moi aussi, dit Babette.

— Zut, dit Maman, j'ai pas eu le temps de les compter, quels goinfres !

Pour Didier, empêtré dans la course à cause de sa chaise, il n'en reste qu'une. Et comme Maman n'avait plus de chocolat, la dernière elle l'a faite au sirop d'érable. Maman le regarde d'un air désolé.

— J'adore le sirop d'érable, dit Didier.

Il saisit la bouteille sur la table, et s'en prend une grosse gorgée. Il en verse encore une bonne rasée sur la crêpe. Le reste atterrit dans ses mains, il s'en met plein sur toute la figure, et même dans les cheveux. Il se lèche les babines :

— Miam, Miam.

Ça finit par coller dans toute la cuisine.

Le lendemain, Didier revient de la cave en émoi :

— Maman, je crois bien qu'on a gagné une croisière dans les îles grecques. Regarde !

— Mais non, mon chéri, c'est un attrape-nigaud, j'ai vu ça hier.

Juste pour être sûre, elle relit la documentation que lui tend Didier. Elle se souvient vaguement d'avoir participé à un concours d'une marque de lessive, cela devait être « Blanchette, la lessive qui lave plus blanc que neige » ou un truc du genre. Mais, en fait elle fait toujours tous les concours et ne gagne bien entendu jamais rien. Mais voilà que... Et si Didier avait raison. Cela parle bien d'une croisière pour toute la famille, qu'elle a gagnée à un concours stupide d'une marque de lessive stupide. Elle veut vérifier et saisit le téléphone.

— Vous ne rêvez pas, lui dit la personne au bout du fil. Vous avez bien remporté une croisière pour toute la famille, quelle que soit sa grandeur.

— Oui, dit Maman, eh bien nous sommes sept.

— Eh bien, si vous êtes sept, tant pis pour

nous, vous avez gagné une croisière dans les îles grecques offerte par la lessive « Blanquette, la lessive qui lave plus blanc que vos nuits blanches ».

— Merci beaucoup, dit Maman, qui n'en croit toujours pas ses oreilles.

La famille Spätzli a bel et bien gagné une croisière dans les îles grecques. Il y en a douze : Rhodes, Kos, Kalymnos, Leros, Patmos, Karpathos, Symi, Kassos, Stypálea, Nisyros, Astypalaia, Tilos. Les images du catalogue sont magnifiques. La Grèce, Didier en a toujours rêvé. Mais, avant tout, Maman doit téléphoner à l'agence de voyages pour contrôler les mensurations de la cabine du bateau. Malheureusement, elles sont minuscules. Il y a des marches et des seuils partout. En plus, la douche est si exiguë qu'une personne de circonférence standard peut bien y entrer, mais peine à en sortir. On peut juste laisser couler l'eau sur son corps, mais il ne faut pas espérer vouloir se tourner là-dedans. En effet, la cabine de douche mesure 50x50 cm. La chaise de Didier ne passera même pas la porte de la cabine. C'est la tuile. Maman est désolée. Pas question de s'y rendre, si Didier ne peut pas venir. Mais les autres s'en foutent. On ira de toute façon.

— Bon, alors, allez-y vous, moi je reste là avec Didi, il fait beau ici aussi en cette saison.

Mais, Didier insiste :

— Tu dois y aller, Maman, t'as mérité ces vacances, ne t'en fais pas pour moi !

— Tu es sûr ?

— Oui, Maman, je veux que tu y ailles.

Maman a fini par céder.

Pour le consoler, on inscrit Didier à un camp pour handicapés à la montagne. Ainsi, il pourra profiter de l'air pur, des activités en plein air, des paysages idylliques et blabla. Didier déteste la montagne. Il ne peut pas supporter les autres handicapés, qui se plaignent tout le temps et les moniteurs qui les traitent comme un troupeau de moutons.

— Vous voulez me mettre en camp de concentration, se désole Didier.

— Tu exagères, tu verras, tu te feras plein d'amis, et la montagne est magnifique dans cette région. J'ai entendu dire que ce camp est méga cool. Ils font aussi plein d'activités, même en cas de mauvais temps.

Ce mot « cool » qu'on utilise à toutes les sauces commence à énerver Didier.

— J'irai pas.

— Mais si, tu peux pas rester tout seul ici de toute façon.

— N'importe quoi ! Pour ces deux petites semaines, je peux très bien rester seul à la maison.

— Lâche l'affaire, Didi !

— On s'écrira et on se téléphonera tous les jours, dit Marco.

— D'accord.

— Tous les jours ?

— Bon.

Ils montent et descendent un circuit de montagnes russes alpines, qui zigzague à travers les prés et les arbres. Tous en chaise roulante et, derrière, les moniteurs qui les poussent. C'est la course. Hop, hop, hop. Didier a le vertige. Au bout d'un moment, il se dit : Mais on est déjà passé par là, bon sang, cela fait si longtemps qu'on monte et qu'on descend, cela devait être l'été, mais non maintenant il y a de la neige. Donc cela doit faire déjà au moins une année qu'on court. Maintenant, on tourne en rond, j'en suis sûr. Finalement, peut-être qu'on tourne autour du monde depuis plusieurs années.

Le camp de vacances est enfin fini. Il a détesté. Les activités de tout poil, le bricolage, les promenades interminables, en plus la météo n'était pas au beau fixe. La nourriture était immangeable. Il ne s'est pas fait un seul copain et les filles étaient toutes moches. L'enfer sur Terre quoi. Il a quand même bien aimé l'atelier de photographie. Avec son appareil, il a pris les montagnes sous toutes les coutures, des petites et des grandes, des collines et des sentiers en forme de serpentin. Avec des filtres et du photomontage, on peut aussi changer les couleurs, ajouter des levers et des couchers de soleil à des endroits où il n'y en a pas, etc.

Il rentre un jour plus tôt que la famille. Il est tout seul dans la maison, même Orchidée est chez une voisine. Quelle paix royale !

Dire qu'ils sont à la mer ! Cette bande de bolos!

Il se vautre sur le canapé. Il a comme une envie de foutre le bazar. Il tourne les pages des magazines de Maman. Attends ! Ça, c'est pas mal. La coupe iroquoise. Ouais, ça lui irait à ravir. Dans Wikihow, c'est même expliqué comment il faut faire en détail. En douze étapes.

Voilà ce qu'ils disent en introduction : « Coiffé ainsi, vous ne passerez pas inaperçu : cette coiffure n'est pas pour les timides et vous pourrez être certain de vous faire remarquer ! » Exactement ce qu'il lui faut.

Avant de commencer, pour se donner du cœur à l'ouvrage, il lui faudrait un petit quelque chose. Il va fouiner dans le bar de Maman. Pas de quoi s'éclater. Didier déniche quand même une vieille bouteille de Jack Daniel's. Pas mal. Il prend une grosse gorgée. Une deuxième. Et encore une. Cela tue tous les microbes, pense-t-il.

Dans la salle de bains, il trouve une bonne laque, du gel tenue maximum, un sèche-cheveux et un rasoir que Maman utilise pour ses jambes. Il suit les instructions à la lettre. Ça lui prend un temps fou, mais il veut faire ça dans les règles de l'art. En fait, pour que cela tienne vraiment bien, il lui faudrait encore enduire ses cheveux d'argile avant de faire la crête, puis la sécher. Enfin, une fois que c'est sec, il devrait brûler l'argile au chalumeau. Malheureusement, il n'a ni argile ni chalumeau. Il farfouille dans les armoires et retourne tous les tiroirs. Cela devrait être possible de remplacer l'argile par de la farine complète et le chalumeau par l'allume-gaz. On y go !

Résultat des courses ? Il se regarde dans le miroir.

WOW ! Il a fière allure. Et même, ça le rajeunit.

Les murs de la salle de bains sont noircis et collants, il a failli mettre le feu au rideau en nylon.

Mais ça va, il y a juste deux ou trois trous dedans. Rien de grave. C'est partout le boxon. Cette fois, Maman va être furax. Tant pis !

Petite pause. Il finit le whisky. Il ouvre la télé. Alerte à Malibu : Mariage à Hawaï. Il manquait plus que ça. Il regarde cinq minutes. Il faut dire que Pamela Anderson est quand même bien roulée.

Maintenant, il a un petit creux. Il trouve des pâtes et une bouteille de ketchup. Impossible d'extirper la moindre goutte hors de la bouteille, il la secoue avec vigueur dans tous les sens, rien ne sort. Il faut la tenir bien verticale, donner un gros coup sur le fond avec la paume de la main et, là, tout sort d'un coup. Il en a mis partout. Encore un peu de poivre. Atchoum ! Le poivrier avait un trou. Il ne pouvait pas savoir. Le principal, c'est que ça soit mangeable.

Puis, il a une autre idée géniale. Il sort les photos de montagne qu'il a faites au camp. Elles sont magnifiques. Il saisit les ciseaux et commence à les découper. Il les colle dans un album. Le titre est *Didier à la montagne*.

Ce n'est pas un album classique. Les clichés sont positionnés sens dessus dessous, avec le paysage à l'envers et des chaises roulantes qui dégringolent les pentes. Une image montre une chèvre qui rigole et, collée à l'envers, elle a l'air de tomber les cornes en bataille, la bouche ouverte et de crier au secours.

Ensuite, il découpe la photo plein pied d'un moniteur qu'il détestait : Peter. Il la place renversée au-dessus d'une vache, créant ainsi l'illusion d'une corrida, où Peter se retrouve encorné par le bovin et projeté dans les airs. Légende : *Qué grande es ! Qué fuerte es ! Peter*. Ahahah ! Didier trouve son album hilarant. Un peu vache, ou plutôt taureau, mais hilarant.

« Driiiiiing ! » C'est sa famille qui rentre de Grèce. Maman fronce le nez. *Ça sent drôle. Qu'est-ce qui se passe* ? Puis, elle voit la tête de Didier. Elle est épouvantée :

— Mais qu'est-ce qu'ils t'ont fait ? C'est horrible.

— C'est moi qui ai fait ça, et c'est très joli.

— Qu'est-ce qui t'a pris ?

— Je fais ce que je veux avec mes cheveux.

— Bon. Ben, je crois qu'il n'y a plus qu'à attendre que ça repousse.

— Ouais.

— Et comment s'est passé ton camp ?

— Bof.

— T'as pas téléphoné ni écrit.

— On était à la montagne, j'avais pas de réseau, et pas de poste à proximité. De toute façon, j'avais pas le temps d'écrire.

— Je me suis fait un sang d'encre. Et c'était comment ?

— Bof.

Et puis, elle voit le bazar. Tout est sens dessus dessous. Le bar ouvert, les taches de fumée et de ketchup sur les murs et au plafond de la cuisine et du salon, les bouts de papier partout, les ciseaux. Tout est collant. Mais, elle est juste trop fatiguée pour râler. On verra ça demain. Elle est seulement contente de retrouver son fils en entier.

Ils sont tous beaux, bronzés et reposés. Évidemment, ils ont eu de superbes vacances.

Cette nuit, Didier dort assez mal. La crête le dérange. Elle est trop haute et heurte la tête du lit. Il se tourne et retourne. Il faut souffrir pour être beau.

Il finit par se placer sur le ventre.

7
LE DÉBUT D'UNE SALE HABITUDE

C'était un beau jour d'été, on avait fait un chouette pique-nique. Comme on n'était pas loin de la maison, on était venus à pied. On avait dégusté les sandwiches au jambon de Maman avec plein de cornichons, on avait chassé les papillons, grimpé aux arbres, joué au cerf-volant et Didier avait même fini par se dégeler et avait fait une partie de Memory avec les garçons. Le soleil se couchait maintenant.

C'est Heidi, qui pousse la chaise de Didier. Il chantonne un petit refrain entraînant :

— 1 kilomètre à pied, ça use les souliers, 2 kilomètres à pied, ça use les souliers.

« Driiiiiing ! » C'est le portable d'Heidi qui sonne.

— QUOI !

Heidi n'en revient pas. C'est sa copine Dounia, qui sanglote au téléphone. Il faut qu'elle vide son sac.

— Sans blague, je peux pas le croire !

Apparemment, Dédé, le mec de Dounia, vient de rompre avec elle par SMS. Les conseils d'Heidi sont très sollicités. Les deux damoiselles babillent comme des perruches.

Heidi, tu peux passer ?

On ne laisse pas tomber ses amies dans un moment pareil.

— C'est Dédé. Dounia vient de se faire larguer. Tu te rends compte ? dit Heidi.

— Oui, mais enfin c'est au moins la douzième fois cette année, rétorque Didier.

— Cette fois, c'est niqué.

— Oh ! Les meufs !

Heidi n'entend plus rien.

— Écoute Didi, je reviens tout de suite, Dounia est dans un état, je t'explique pas.

— Non, explique-moi pas !

Elle plante Didier là au beau milieu d'un chemin caillouteux.

— Eh Heidi, Heidi !

Mais elle n'entend déjà plus rien.

Mais où sont passés les autres ? Ils sont déjà bien devant. Sûrement, elle va les informer et ils vont venir à sa rescousse.

Bientôt, ils ne sont plus que de petits points noirs dans le lointain.

Didier attend. Rien. Personne. Ni rien ni personne. Il appelle, crie, vocifère, personne ne l'entend. Les oiseaux continuent à chanter joyeusement et les feuilles d'arbre à bruisser dans le vent. Le soleil persiste à arborer son sourire le plus niais.

Est-ce que le monde entier est aveugle et sourd ? Il commence à fulminer. Sur ce chemin accidenté, impossible d'avancer.

— Nom d'un chien, sérieux et m...

Il murmure toutes les insultes et tous les noms d'oiseaux qu'il connaît. Il se baisse, ramasse les plus grosses pierres qu'il peut trouver et les lance devant lui avec des airs d'assassin. Rien. Les autres l'ont planté là, tout seul, enfermé dans la grande prison du monde.

Il tente d'avancer à l'aide de ses seuls bras, c'est impossible. La boue, les cailloux, les touffes d'herbe l'empêchent d'avancer un seul millimètre. Avec ses ongles, il essaie de déblayer le terrain, mais c'est peine perdue. Et soudain, il se souvient.

C'est bientôt Noël et une bonne couche de glace recouvre le sol. On est mardi et la corvée de poubelles c'est pour lui.

— Ouf !

Qu'est-ce qu'ils ont mis dans cette poubelle, elle pèse une tonne. Jusqu'au container, il y a à peu près 100 mètres. Il arrive de justesse à soulever le couvercle avec une main et, avec l'autre main, à lancer le sac dedans. Bon ! Maintenant il ne reste plus qu'à rentrer.

Mais là, rien à faire. Les pneus de la chaise patinent complètement. Pas moyen d'avancer un seul petit chouïa. Ah génial ! En plus, il a même pas mis de veste. Il se retrouve en petit pull, coincé sur la glace. Il essaie, essaie encore. Impossible. Bien sûr, il n'a pas pensé à emporter son portable. Il appelle :

— Au secours ! Au secours ! Maman, Jeannot, Marco, Heidi, Babette !

Il appelle même Kevin. Mais, ils sont tous devant la télé en train de regarder une Romcom. Un de ces films puérils, où on sait dès la première minute que la blonde aux yeux bleus va finir avec le beau brun aux larges épaules. Si ça se trouve, après ça, sa famille va aller se coucher en pensant qu'il est déjà au lit. Il doit faire au moins -12 °C. À quoi ça sert d'avoir une famille s'il faut mourir de froid tout seul comme un chien. Il grelotte comme une feuille. Il tente de faire bouger la chaise avec ses mains, avec ses bras et tout son corps. Ses ongles strient la glace. Rien à faire. Il va bientôt mourir de froid ici ce soir. Brrrrrrr… Il se demande ce que ça fait de mourir de froid. Demain, sa famille le retrouvera transformé en bonhomme de neige. Il s'imagine la crinière, les sourcils et les cils gelés, les lèvres bleues, fissurées, les membres recroquevillés. Beau spectacle ! Leur tête à eux aussi est impayable.

Au bout d'une heure, il lui vient une idée. Les pneus dérapent sur la glace parce qu'ils sont trop lisses, peut-être qu'en les dégonflant ils auraient une meilleure adhérence. Mais comment va-t-il faire ? Avec les dents ? Il prend dans le trousseau de clés celle qui a le profil le plus acéré, et essaie de faire un trou dans les pneus. Impossible. Au bout de deux heures, finalement il y arrive. Et en effet, comme ça, il avance un peu mieux. Il avance centimètre par centimètre. Au bout de deux heures d'effort, Il parvient finalement devant la maison et réussit à atteindre la sonnette. Maman ouvre la porte :

— Je commençais à m'inquiéter, qu'est-ce que tu faisais si long ? Et pourquoi tes pneus sont plats ?

Didier grince des dents et ses yeux lancent des éclairs.

Deux heures plus tard, Heidi rapplique.
— Oh ! P..., je t'ai vraiment oublié. Et où sont passés les autres ? s'écrie-t-elle pour toute explication.

Didier ne répond pas. Il prend son air renfrogné. Il rumine sa vengeance. Il faut que ça change. Il va bien finir par trouver quelque chose pour que les autres remarquent qu'il existe.

Le même soir, par hasard, il se retrouve seul avec sa sœur dans la cuisine. La vaisselle du souper traîne encore sur la table.

Tout à coup, sans crier gare, « Pffffft ! » Didier a saisi une fourchette, et vise sa sœur en plein cœur.

— Ouch !

C'est plus un cri de stupéfaction que de douleur. Heidi n'a pas été touchée, de justesse. Elle ne dit rien, mais le regarde avec de grands yeux emplis de tristesse. Didier pense : *Pas mal ! Elle l'a bien mérité. Je vise bien. La prochaine fois…* Il est très fier de lui.

Et il y aura bel et bien une prochaine fois. Un beau jour d'automne, les enfants se promènent sur un sentier de forêt. Tout à coup, Kevin presse quelque chose dans la main de Didier. Quelque chose de brunâtre, gluant, froid et repoussant. Kevin est plié de rire. Il s'écrie :

— Tiens Didi, un cadeau pour toi !
C'est un gros triton.
— Ouch !
Le garçon épouvanté repousse le reptile.
— Tu vas me le payer ! crie-t-il.

Il se souvient du coup de la fourchette. Pas mal ! Dans sa tête, l'idée fait du chemin. Mais ce coup-là, Kevin a bien mérité autre chose qu'un simple couvert.

Le soir, il attend que tout le monde soit assis devant la télévision, retourne dans la cuisine, choisit un beau couteau bien pointu et appelle « Kevin, Kevin ! » Kevin n'entend pas. Maman dit :

— Vas-y ! Kevin, Didi a besoin de toi.

Kevin y va en traînant les pieds, il va manquer le moment le plus passionnant du film.

— Quoi encore ?

Il a juste le temps de voir quelque chose de scintillant arriver sur lui à toute vitesse. C'est un couteau qui siffle à un centimètre de sa tête et vient s'enfoncer derrière lui.

— Aouch !

Kevin se retourne et fixe la lame dans le mur, il ne détache plus son regard de ce couteau.

— Didi, tu es ouf !
— La prochaine fois, je ne te manquerai pas.

— Mon Dieu, mon Dieu, mon Dieu ! Didi ! répète Kevin d'un air effaré.

C'est tout ce qu'il arrive à balbutier.

— Tu avais vraiment l'intention de… de…

Il regarde son frère la bouche ouverte, avec de grands yeux écarquillés par la frayeur et cela plaît à Didier. Il ne fait plus tellement son malin, le grand banquier. C'est seulement maintenant qu'il se souvient de l'histoire du triton. Il ne sait pas quoi dire, les mots restent coincés dans sa gorge.

— Tu vas manquer le film, dit Didier.

— Mais, mais, mais, Didi, tu… tu… tu… Le triton. C'était une blague.

Il a les yeux exorbités, la chair de poule. Il retourne regarder le film, mais ne comprend plus rien à l'histoire. Cette nuit-là, Kevin ne trouvera pas le sommeil.

Le lendemain, c'est samedi et ce jour-là, c'est la tradition, chez les Spätzli, on a le droit de rester debout jusqu'à minuit.

Didier rêve dans son lit. Un sourire flotte sur ses lèvres. Il se voit quelques années plus vieux, star de la télé. Max Lavisas, c'est son nom d'artiste, est assis sur une chaise roulante en or, une flèche entre les dents. En face de lui, une superbe jeune femme blonde en minijupe de cuir rouge et bottes interminables tourne attachée sur la roue de la mort. Les tambours cessent de rouler. La foule a le soufle coupé. Les projectiles enflammés commencent à déchirer l'air. D'une main sûre, Max Lavisas plante, une à une, une cinquantaine de flèches à quelques millimètres du corps de l'assistante. On voit le cœur de celle-ci battre dans ses tempes. Un seul petit frisson de la main du maître ou de son corps à elle et elle peut mourir. Encore une ! Ouf ! Max Lavisas salue la foule sous un tonnerre d'applaudissements.

Il recommence le même exercice, mais cette fois-ci, les yeux bandés. Le bandeau noir est tru-

qué, en fait c'est un tissu transparent et il voit au travers, mais il est le seul au courant, même sa partenaire n'en sait rien. Il a troqué les flèches pour des couteaux acérés qu'il tient dans chaque main. La roue tourne toujours plus vite. C'est impossible. Ce coup, personne au monde ne l'a encore réussi. En effet, la belle tient une fleur entre les dents. Il s'agit de couper cette fleur en quatre.

Les traits de la belle se crispent imperceptiblement. Son visage semble plus luisant, son sourire plus forcé. Sa vie ne tient plus qu'à un millimètre. Mais, elle garde confiance, il le faut bien, en la main du maître, cette main sûre qui tranchera la tige ou sa vie.

Un couteau décolle, « ZZZZ ». La tête de la fleur gît sur le sol. Tout va bien. On n'entend plus une mouche voler. La lumière qui éclabousse la piste devient plus rouge, rouge sang. La deuxième lame prend son envol. L'acier éblouit les spectateurs, qui ont du mal à voir sa trajectoire. Le bout de tige vient mordre le sable de la piste. Ouf! Survécu. Le troisième couteau s'élance avec l'élégance d'un avion en papier. « ZZZZ ». Sur le visage de la cible, de grosses gouttes de sueur coulent. La tige a été sectionnée au bon endroit. Sauvée encore une fois! Mais, il en reste encore un bout. On entend quelqu'un éternuer dans le public. Le lanceur est sûrement déconcentré. Pourvu qu'il ne se mette pas à éternuer, lui aussi, ou la belle. « ZZZZ »... Ouf! La foule recommence à respirer.

La chaise roulante est un trône et les supporters portent Max Lavisas en triomphe autour de l'arène. Tout le monde a oublié la belle blonde en rouge, tout le monde a oublié… Heidi.

Lancer des fourchettes et des couteaux, Didier trouve cela franchement très amusant. Le soir, il s'exerce avec des coussins. Mais, après quelque temps, Maman en a eu marre de ramasser les plumes qui s'envolaient dans tout l'appartement. Elle ne comprend d'ailleurs pas d'où viennent toutes ces plumes.

Le garçon prévoit de bientôt passer des coussins aux cousins (sauf Clem bien entendu). Ils vont certainement venir pour son anniversaire, et c'est l'occasion rêvée. Il a abandonné les coussins et s'est confectionné une cible en bois qu'il a installée dans sa chambre. À la cave, il a trouvé de vieux couteaux, qui font l'affaire. Il passe des heures tout seul à s'entraîner. Il pense qu'il progresse bien, et que bientôt il pourra également s'essayer au pistolet.

Toutefois, la qualité de ses couteaux laisse à désirer. Car il y a couteau et couteau. Le matériau, l'acier, la forme, la qualité de la tranche et la manière de travailler les matériaux diffèrent. En plus, seul un couteau avec une bonne aérodynamique permet d'obtenir les meilleurs résultats. Le bon couteau pour chaque usage. Donc, ce que Didier cherche en fait c'est un couteau pour couper la viande, si possible à lame rétractable. Sur Internet, il en a trouvé un magnifique, avec un manche en bois sculpté, une vraie œuvre d'art. Il a trouvé encore d'autres beaux objets : des pistolets, des fusils, des drones, et autres joujoux de plus ou moins grand calibre. On y trouve même des vidéos qui expliquent comment confectionner un cocktail Molotov. Mais son arme préférée reste le couteau.

Ça tombe bien, c'est bientôt son anniversaire, que pourrait-il demander de mieux ? Il coûte un peu cher, mais tant pis. Il voudrait bien faire part de son souhait à Maman, mais il faut choisir le bon moment. Un jour, Maman est en train de faire la soupe aux courges. Elle chantonne sa chanson préférée : Il est où, le bonheur ? de Christophe Mae. Comme elle ne connaît que le refrain, au bout de la cent millième fois, ça saoule.

Il aborde le sujet avec prudence.

— Maman, tu sais que dans trois semaines, c'est mon anniv ?

— J'ai compris. Cela fait la cent millième fois que tu me le rappelles.

— Tu me feras mon gâteau aux carottes, n'est-ce pas ?

— Mais bien sûr, mon chéri.

— Et je pourrai manger toutes les carottes en massepain ?

— Oui et tu peux inviter tes cousins, si tu veux.

— D'acc. Mais seulement si Clem vient aussi.

— Elle viendra sûrement.

— Et pour la fête, une bombe qui explose bien fort avec plein de serpentins, des sifflets et des chapeaux rigolos.

— Et les stripteaseuses qui vont avec, je suppose ?

— Hi, hi, hi !

— Et c'est tout ?

— J'ai aussi vu un beau couteau….

Au mot couteau, Maman s'est arrêtée net. Elle le regarde, estomaquée. Ses yeux turquoise passent au bleu océan. Est-ce qu'elle se doute de quelque chose ?

— Et pour quoi faire ?
— Rien, c'est juste un bel objet.
— Un bel objet. Hein ?
— Oui, en inox avec un manche en mélèze.
— Et une lame rétractable, je suppose ?
— Oui.
— Et tu veux pas par hasard aussi ton prénom gravé sur le manche ?
— Ben. Oui. Si possible.

Maman est livide. Sur son front se creuse le sillon qui annonce les orages.

— Didier, laisse tomber !

Quand Maman l'appelle Didier, c'est mauvais signe. Inutile d'insister.

— *Bon ben, pour le couteau, je repasserai*, se résigne Didier.

8
L'ANNIVERSAIRE

Comme d'habitude, Maman a invité sa sœur, tante Juju et les fameux cousins. Juanita, Juju pour les intimes, est le sosie de Maman en blonde. Elles ont exactement les mêmes mimiques et expressions du visage. C'est absolument hilarant de les voir toutes les deux dans les réunions de famille, chacune à un bout de la table. Quand elles se regardent en face, elles se contemplent elles-mêmes, c'est l'effet miroir, et donc, c'est classique, elles ont beaucoup de mal à se supporter. Elles commencent par se fixer en chiens de faïence, se toisent et finissent par daigner s'adresser la parole. Tante Juju a une année de plus que Maman et la traite comme un bébé. Elle a « réussi », puisqu'elle a épousé un percepteur des impôts, tonton Léon, qu'elle a une grande maison avec un beau jardin, une femme de ménage qui vient toutes les semaines, et qu'ils passent leurs vacances de ski à Davos. Maman, quant à elle, est divorcée et élève seule ses six enfants. Par contre, elle a un avantage certain par rapport à tante Juju, elle n'a pas de Léon grognon à la maison.

Les cousins ont environ le même âge que Didier et ses frères et sœurs. Comme tante Juju est une jardinière passionnée, elle a appelé ses cinq filles : Rose, Cannelle, Framboise, Cerise, Clémentine et le seul garçon, Anis. Un vrai jardin botanique. À part Clémentine, Clem comme on l'appelle, ils font tous pitié, du moins c'est ce que pense Didier. Plus tard, ils étudieront la médecine, le droit, la finance ou l'informatique. Tante Juju en est convaincue. Sauf Clem qui, elle, fera du... rap.

Tante Juju a le chic pour faire des gaffes. Par exemple, offrir des souliers à Didier. C'est ce qu'elle a fait pour ses quatorze ans. Didier a horreur de ça et ne porte que des baskets. Qu'à cela ne tienne. Tante Juju estime important que Didier ait de belles chaussures.

— Et à quoi cela lui servirait-il ? demande Maman.

— Mais enfin Berthe, je ne le vois jamais qu'en savates ou en grelots.

Maman sait qu'il est inutile de contredire Juju. Elle est l'aînée de la famille, qui compte dix enfants et a toujours raison. Elle a donc trouvé, après de longues recherches, les souliers idéaux pour Didier. Évidemment, ils sont noirs et brillants et ressemblent à ceux de Kevin. Le seul avantage c'est qu'il ne les usera pas. Il a dit merci à la tante, mais a eu de la peine à cacher une grimace.

— Les chaussures, c'est dur-dur-dur, dit-il à Maman.

Il ne les a mis qu'une fois pour faire plaisir à tante Juju et à Maman, puis les a rangées tout au fond de l'armoire.

Une année, tante Juju a même réussi à lui offrir une boîte de pralinés dont la date de péremption était dépassée. Une autre fois un pèse-personne, un énorme dinosaure en peluche ou pire encore un pull Nike pink avec capuchon. À croire qu'elle le fait exprès.

Enfin, arrive le 8 août, jour de l'anniversaire de Didier.

Tante Juju débarque avec la horde des cousines et l'unique cousin. Tous embrassent Didier, qu'autant d'effusions d'ineffable affection manquent de peu d'étouffer et de faire tomber à la renverse. Maman et sa sœur sont assises chacune à un bout de la table et, pour l'instant, se toisent. À part elles, tout le monde est joyeux et Didier rit de bon cœur.

Le gâteau aux carottes de Maman est délicieux. Dessus il y a écrit : « Joyeux 15e anniversaire Didi » entouré d'un cœur en sucre avec plein de carottes en massepain et bien sûr quinze bougies rouges. Il doit d'abord souffler les bougies. Ensuite, il a droit à la sempiternelle chanson « Joyeux Anniversaire Didi », ensuite seulement on mange le gâteau. Suit la séance cadeaux. De Maman, il a reçu une bande dessinée manga traduite du japonais *Real*. Il lit le résumé. C'est l'histoire d'un garçon qui s'appelle Tonomi Nomiya. Il porte une coupe afro, a abandonné le lycée et fait des bêtises. Il n'a qu'une passion : le basket. Un jour, dans un gymnase, Tonomi Nomiya fait la rencontre d'un basketteur en chaise roulante, Kiyoharu Togawa. Celui-ci lui propose un affrontement. Tonomi ne peut laisser passer cette provocation et, petit à petit, cela va réveiller ce qu'il avait enfoui au plus profond de lui ! Tonomi plaît bien à Didier, surtout la coupe afro.

De Clem, il a reçu des chaussettes avec orteils séparés. On appelle cela des tabis et cela vient aussi du Japon, sauf que, ceux-ci, Clem les a tricotés elle-même. Sur le dos du pied, il y a des yeux et un nez et chaque orteil a une autre couleur. Des chaussettes capables de réchauffer même des pieds complètement gelés. C'est un cadeau très utile. En effet, Didier fait partie de ces paraplégiques qui peuvent ressentir le froid de manière normale. Malgré une perte de fonction motrice et sensorielle dans les jambes et la partie inférieure du corps, il se réveille parfois la nuit avec ses pauvres pieds frigorifiés.

C'est au tour de tante Juju de lui remettre son cadeau. Didier s'attend au pire. Il ouvre précautionneusement le papier blanc avec des cœurs roses. Tata ! Un beau double CD apparaît devant ses yeux ébahis. Il a le titre aguicheur de : *Tout le monde debout pour danser !*

Tante Juju s'est surpassée cette année.

Didier la regarde. Elle sourit bêtement. Est-ce qu'elle le fait exprès ?

Il considère le gâteau et la jolie inscription.

Tante Juju commence à se rendre compte de la gaffe monumentale qu'elle a commise.

— Tu peux aussi danser avec la chaise.
— Bof !
— Mon Dieu, Didi, je suis désolée.
Trop tard ! se dit Didier.

Un peu plus tard, tout le monde est sur la terrasse, et il parvient à attirer tante Juju dans la cuisine :
— Tante Juju ! Tante Juju !
— Oui ?

Elle pousse la porte et Vlan... La fourchette est déjà en plein vol. Heureusement, Maman, qui n'aime pas les montagnes de vaisselle, avait sorti les assiettes en carton et remplacé les services en argent par des couverts en... plastique.

Tante Juju est partie. *Elle faisait une drôle de tête*, pense Maman.

Tous n'auront pas la même chance que tante Juju. Jeannot, Marco, Heidi, Rose, Cannelle, Framboise, Cerise et même Babette seront ses prochaines cibles. *Finalement, avec de l'entraînement, lancer de façon assez fiable à des cibles proches, on peut lancer n'importe quel objet, pourvu qu'il ait une pointe et un tout petit peu d'équilibre. Un couteau suisse serait pas mal aussi. Mais, pour l'instant, des fourchettes et des couteaux de cuisine font l'affaire*, pense Didier. Jusqu'ici, il n'y a pas encore eu de blessé grave, juste quelques blessures plus ou moins bénignes, des écorchures et des égratignures. Sauf Jeannot qui aurait pu perdre un œil. Mais, heureusement, seule l'arcade sourcilière gauche a été touchée. Il a quand même eu une coupure sur un centimètre et a dû se faire coudre. Mais, comme Jeannot est le casse-cou de la famille et qu'il se blesse sans arrêt, cela est passé inaperçu. Finalement, toute sa famille va y passer, cousins et cousines y compris, sauf Clem et Maman bien sûr. Didier prend l'habitude de lancer des fourchettes et des couteaux contre tous ceux qui l'embêtent, et tous l'embêtent finalement.

Personne n'a encore osé en parler à Maman. Elle a bien compris le petit manège de son fils, mais elle se tait. Elle le regarde simplement, ses grands yeux turquoise humides.

Ça m'est égal, se dit Didier. *Plus personne n'ose m'oublier, plus personne ne se permet de me faire de farce, maintenant. On me respecte. Je ne me laisse plus marcher sur les pieds. Fini l'albatros gauche et veule ! Tout est bien ou presque. Jusqu'à ce beau jour de printemps, dont il se souvient aujourd'hui encore très, très exactement.*

9
LE PONT DU DIABLE

C'est bientôt Pâques et le climat commence gentiment à s'adoucir. Comme chaque année, la famille passe quelques jours de vacances à la campagne chez tante Juju et ses enfants. Rose, Cannelle, Framboise, Cerise et Clem s'entendent à merveille avec leurs cousins, surtout pour faire des crasses. Et, en général, c'est Anis qui en fait les frais. Son hobby, c'est la pêche. Là, au bord du fleuve, il a la paix. Parfois, il attrape quelques poissons plus ou moins gros et cela fait un festin pour le soir. Aujourd'hui, Anis est rentré avec un gros brochet, tante Juju l'a mis au four et a posé sur la table une bonne sauce mayonnaise. Didier adore le poisson, mais ce qu'il aime quand même le plus c'est la mayonnaise. Autrefois, Maman avait l'habitude d'en acheter en tube déjà toute faite. Mais souvent, elle ne le retrouvait plus dans le frigo. Didier l'avait repéré et aspiré tout le tube d'un coup.

— C'est plus fort que moi, disait-il.

— C'est tout ce que tu trouves comme excuse ?

Jusqu'au jour où Maman a fini par décider de confectionner ses mayonnaises elle-même et de les utiliser illico presto.

Aujourd'hui, la veille de Pâques, on a décidé d'aller se promener en bas, au pont appelé « Pont du Diable ». C'est un joli coin, pas loin de la maison de tante Juju et oncle Léon, où on peut pique-niquer.

Ce jour-là, c'est Clem qui pousse la chaise. Elle l'a placée sur le bord extérieur du chemin qui longe le fleuve. Elle se tient derrière lui et avance d'un pas lent et régulier. Les autres sont loin devant, sur le pré, probablement déjà en train de déballer le pique-nique. Tout à coup, elle s'arrête net et tire les freins de la chaise roulante.

— Qu'est-ce qu'on attend ? demande Didier vaguement inquiet.

Clem ne répond rien. Ils sont parfaitement seuls. Il tourne son regard vers la droite, une pente abrupte descend en contrebas du fleuve. Au bout de cinq longues minutes, Clem prend sa voix la plus solennelle :

— Didier, regarde-moi dans les yeux !

Elle ne l'a pas appelé « Didi ». Il se retourne. Elle a un drôle d'air.

— Écoute-moi bien ! Jure devant Dieu que tu ne lanceras plus jamais ni couteau, ni fourchette, ni rien d'autre sur personne !

— Ahahah !

— Je suis sérieuse. Si tu ne jures pas, je te laisse tomber dans l'abîme et nous serons en sécurité sans toi.

— QUOI ?

— Tu as très bien entendu.

— Purée ! Clem arrête ça tout de suite ! C'est pas drôle. Si tu me pousses, je t'entraîne avec moi.

— Je m'en fous. Je suis une très bonne nageuse, contrairement à toi.

Et c'est vrai. Didier n'a malheureusement jamais eu l'occasion d'apprendre. Il se met à rire, un rire étrange qui sonne creux, un rire d'une autre planète.

— C'est une blague. Jamais tu n'oseras, tu ne feras jamais une chose pareille.

— Est-ce que j'ai l'air de plaisanter ?

Clem est blanche comme neige et n'a, à vrai dire, pas du tout l'air de rigoler. Le chemin est très étroit et elle pousse la chaise tout au bord. Il ne reste plus que sept centimètres avant le vide.

Didier ricane :

— Essaie pour voir !

Il fait le malin, mais dans sa tête les idées se bousculent à toute vitesse.

— Non. Bien sûr que non, jamais elle ne pourra faire une chose pareille, c'est Clem, sa cousine préférée, c'est elle qui lui a offert le ballon de foot.

Il doit juste se calmer et respirer un grand coup : « Pffffff ! » Oui. Mais, on ne sait jamais, un accident est si vite arrivé. Promettre de ne plus lancer de couteaux ? Impossible, c'est la seule chose qu'il sait faire, c'est la seule chose qu'il veut faire.

Cela, Clem ne peut pas le comprendre, ni elle ni personne. Didier se tait. Clem ne bouge pas d'un pouce.

La chaise chancelle, tandis qu'il observe la pente abrupte en dessous. La dénivellation doit être d'au moins six mètres. Il fixe l'eau verte de la rivière longtemps, jusqu'à ce qu'il voie profondément, sous l'eau, tout au fond, là où l'attendent les poissons.

— J'ai le temps.

Les mains de Clem commencent à trembler comme des feuilles. En plus, comme fait exprès, il n'a pas pris sa belle chaise neuve, mais son vieux fauteuil tout-terrain, dont les freins sont rouillés et peuvent lâcher d'une seconde à l'autre. Si, en plus, une pierre se détache de l'éboulis, c'en est fait de Didier.

Une nouvelle fois, il se retourne. Son visage est dur comme du marbre. Elle lâche une main. La chaise roulante commence à vaciller. Doigt par doigt, elle est en train de lâcher la deuxième main. De grosses gouttes de sueur perlent sur le front du jeune handicapé. La chaise commence à glisser. Une roue est suspendue dans le vide. Le véhicule penche et penche. Ce n'est plus qu'une question de trois centimètres... deux centimètres... un centimètre...

Soudain, Didier voit son reflet dans l'eau, aussi net que dans un miroir : une peau de chagrin, morte de frousse, très bientôt petit-déjeuner pour les poissons. Même pas, il doit être trop amer pour cela. Son cadavre ira s'échouer dans la mer. Ça, c'est mieux, il a toujours voulu voir la mer.

— La mer, qu'on voit danser, le long des golfes clairs.

Les golfes clairs se mettent à danser devant ses yeux. Et plus loin, la mer bleue, immense, vide, sereine et souveraine. Il lui faut un certain temps pour s'habituer à la lumière. Soudain, il aperçoit tout au bout de l'horizon, un point noir, comme une île, une île déserte, encore minuscule. En s'approchant, on devine qu'au-dessus de l'île, tournent des oiseaux étranges, des genres de mouettes, non, c'est plus gros. Mais oui ! Ce sont de magnifiques albatros.

— *Exilé sur le sol au milieu des huées,*
»Ses ailes de géant l'empêchent de marcher.

— Et Charlie ! tu as oublié la suite. Ton poème n'est pas terminé. Un oiseau, c'est fait pour planer.

« L'infirme qui volait » retrouvera le ciel. Le roi de l'azur sillonnera les océans sur plus 200 000 kilomètres, sans s'arrêter puisqu'il dort en volant. Et quand il se posera, ce sera quand il l'aura décidé, lui, et ce sera pour faire l'amour.

De là-haut, le navire et les hommes d'équipage sont ridiculement petits, et c'est l'albatros qui se tord de rire.

Le ciel et la mer se fondent en un bleu azur.

Soudain, il se décide :

— Je te promets que jamais plus je ne lancerai ni fourchette ni couteau sur personne.

— C'est sérieux ? Regarde-moi dans les yeux !

Il la regarde dans les yeux.

— Tu jures ?

— Oui. Enfin… presque.

— Arrête, Didier, je blague pas. Je veux que tu le jures devant Dieu.

Didier réfléchit à toute vitesse. Jurer devant Dieu, c'est pas trop grave. Pour lui, c'est un vieux barbu tout là-haut dans le ciel. De toute manière, la prof de religion l'a bien expliqué, il oublie tout, il pardonne tout, alors… Mais, Clem a deviné ce qu'il pense :

— Jure-le sur la tête de ta mère !

Maman ? Ça, c'est un autre registre. Soudain, un vent sournois et rapide se lève, ce qui déstabilise encore la chaise. Cette fois, il se retourne vers Clem et la regarde vraiment droit dans les yeux et balbutie à toute vitesse :

— Je le jure sur la tête de Maman que je ne lancerai plus jamais de couteau ni de fourchette sur qui que ce soit.

— J'ai pas bien compris.

— Clem ! Redresse la chaise. Vite ! Tu es ouf ou quoi ?

— Répète !

— Je le jure sur la tête de Maman que je ne lancerai plus jamais de couteau ni de fourchette sur qui que ce soit.

— Ni un autre projectile ?

— Ni un autre projectile quelconque.

— Tu flippes, hein !

— Non. Enfin oui un peu, mais j'ai juré maintenant. Tu peux me croire.

— Bon. Je te fais confiance.

— Attends ! Juste une petite tarte à la crème de temps en temps.

— Pas question. La plaisanterie a assez duré.

J'en ai plus qu'assez de toi, Didier.

Clem lâche encore un doigt. Maintenant, elle ne tient la chaise plus que par un seul doigt.

— CLEM ! Arrête ça tout de suite, je jure. Aucun projectile. Redresse la chaise ! Viiiiiiite !

Clem remet la chaise au milieu du chemin.

Ouf ! On l'a échappé belle. Ils tremblent encore tous les deux.

— Évidemment, tu vas tout raconter à ta mère.

— Mais, non, Didi, je te promets que non. Ce qui s'est passé au Pont du Diable, reste au Pont du Diable.

Clem arrive à lui sourire un petit peu. Didier lui rend son sourire. Un demi-sourire jaune.

Anis arrive vers eux en courant avec un bidon plein de grosses carpes. C'est vraiment une pêche miraculeuse. Tout le monde s'exclame et le félicite. Didier reste muet comme une carpe.

Ce soir-là, Didier, comme chaque soir, couché sur son lit, regarde sa chaise roulante. Les petites roues directrices semblent se transformer en pédales. Celles-ci actionnent les grandes roues motrices. Il se voit sur la mer immense dans ce pédalo en train de pédaler, pédaler. Plus il pédale, plus l'embarcation sombre. Il n'a déjà plus que le nez de sec.

10
LA TRANSFORMATION

Le lendemain, c'est le dimanche de Pâques et les enfants Spätzli sont rentrés à la maison pour fêter avec Maman. C'est le jour de la résurrection de Didier aussi, en tout cas c'est un tout nouveau Didier. Personne n'y comprend rien. Toute la famille est réunie autour de la table du salon.

— Didi ! Tu viens faire une partie de *Monopoly* avec nous ?

— Tout de suite Maman, j'arrive.

Il perd au *Monopoly* et il s'en fout. Incroyable. Finies les disputes ! Didier aime tout le monde. Tout le monde aime Didier. Il ne rouspète plus. Il ne lance plus de couteau ni de fourchette, pas une seule petite cuillère, même en plastique. Tout ça, c'est du passé.

Le jeune garçon est devenu sage comme une image. Il fait ses devoirs tout seul, il range sa chambre tout seul, il passe l'aspirateur tout seul, il aide même Maman à essuyer la vaisselle. C'est presque un peu inquiétant.

— Didi, où étais-tu passé ? demande Maman.

— Nulle part, j'ai encore terminé l'école plus tard.

Maman commence à se poser des questions. Cela fait plusieurs semaines maintenant que son fils rentre de l'école plus tard que ses frères et sœurs.

— Didi, tu as vu la clé de la cave ?

— Non, pourquoi ?

— Pour rien, je voulais aller chercher des confitures. Cela fait un moment que je ne la retrouve plus. Il faudra en refaire une.

Le lendemain, Maman descend à la cave pour voir si quelqu'un n'a pas oublié la clé dans la serrure, ça ne serait pas la première fois.

À travers les barreaux de la cave obscure, elle aperçoit quelque chose bouger.

— Oh ! Mon Dieu, un voleur !

Elle veut crier « Au secours ! », puis étouffe son cri. Mais non, c'est Didier qui est là. Il a utilisé l'ascenseur, tout simplement. Il a trouvé un vieux tréteau en bois et s'exerce à monter dessus, à descendre, à remonter. « Hop ! » et « Hop ! » Il manque plusieurs fois de tomber. Il est complètement épuisé, mais continue encore et encore les dents serrées.

— Didi !

Didier sursaute.

— Qu'est-ce que tu fais ?

— Rien.

— Qu'est-ce que tu fais, Didier ?

— Je m'exerce Maman, tu vois, je veux savoir monter et descendre les trottoirs tout seul. Regarde ce que je sais faire !

Didier pousse, contre-pousse, tourne, tournoie et virevolte comme une toupie sur les deux roues, une seule roue, en marche avant et en marche arrière, fait des tas de demi-tours, des tours complets et des figures acrobatiques compliquées avec sa chaise.

Tout ça en chantant :
— *Il était un petit homme,*
»Pirouette, cacahouète.
»Il était un petit homme,
»Qui avait une drôle de maison.

— Pourquoi tu ne m'as rien dit ? On aurait pu aller chez un éducateur physique.

— Je ne veux pas d'éducateur, Maman, je veux y arriver tout seul.

— Mais pourquoi restes-tu là en bas, dans cette cave humide et froide ?

— Je voulais te faire la surprise, Maman.

Maman n'en croit pas ses oreilles. Il voulait lui faire une surprise. C'est trop mignon. Elle prend son fils dans ses bras. Et il la laisse faire. Ils restent là tous les deux dans la cave obscure et froide un long moment enlacés.

Ce soir-là, la chaise de Didier roule jusqu'en Amérique. Elle s'arrête à Washington. Là, le président des États-Unis, qui s'ennuie à mourir dans son grand bureau ovale tout blanc, l'aperçoit soudain dans le jardin. Il demande à un de ses conseillers d'aller la chercher. Youhou ! Ça marche super bien pour faire des glissades dans les couloirs en parquet fraîchement ciré de la Maison-Blanche. Ses conseillers rient à gorge déployée. Ils ne se sont plus marrés autant depuis longtemps. Le vice-président manque de s'étouffer de rire.

Quelque temps plus tard, Didier a une nouvelle idée. Il veut se construire une main artificielle. Ainsi, il n'aura plus besoin de demander de l'aide pour saisir les objets en hauteur. Il prend donc un vieux balai, y scotche un énorme gant de ski. Les doigts devraient pouvoir se mouvoir, donc être préformés et articulés pour une précision accrue. À l'intérieur du gant, il élabore un système complexe de pincettes à linge attachées ensemble avec de la ficelle, des aimants et de la colle. Le résultat n'est pas parfait, mais susceptible d'être optimisé. Grâce à cela, il arrive déjà à attraper deux ou trois objets placés très haut. Comment permettre aux handicapés de se laver facilement, adapter une cuisine, un appartement afin qu'ils puissent se tirer d'affaire tout seuls, voilà ce qui intéresse Didier. Plus tard, quand il sera grand, il sera inventeur et s'appliquera à faciliter la vie des personnes en chaise roulante. C'est décidé. Max Lavisas, le lanceur de couteaux, c'est bel et bien fini.

Cette nuit-là, sa chaise roule, roule jusqu'en Chine, avant de terminer son voyage dans un modeste village. Là, un pauvre quidam, Ching Chong vient de casser sa brouette. Comment va-t-il faire maintenant pour transporter tous ses sacs de riz ? Il n'a pas d'argent pour s'en acheter une neuve.

Soudain, il voit arriver un engin bizarre. À quoi cela peut-il bien servir ? En tout cas, cela roule. Cela doit être la version moderne de la brouette. C'est l'idéal pour transporter le riz. Ching Chong est sauvé. C'est vraiment son jour de chance aujourd'hui.

11
LA COACH

— Non, Didier ne manque jamais sa cible, dit Maman au téléphone. Bon, d'accord je vais lui en parler. Au revoir, Brigitte.

Didier vient d'arriver. Il ouvre une bouche énorme. Il a la frousse de sa vie.

— Purée ! pense-t-il, Maman ne raconte tout de même pas à tout le monde que je tente d'assassiner mes frères et sœurs, et même mes cousins.

— Qu'est-ce que tu disais, Maman, de quelle cible parlais-tu ?

— Une cible, quelle cible ? J'ai pas parlé de cible.

— Si, tu viens de dire que Didier ne ratait jamais sa cible.

— Ah oui, c'est juste, on parlait en fait de lancer un ballon dans un panier, et je croyais que pour un roi du tir comme toi, ce n'était pas un problème.

Didier respire.

— Mais enfin, Maman. Tirer des couteaux sur une cible en bois n'est pas la même chose que marquer un panier.

— Oui. Oui, d'accord. Mais quand même. Tu te souviens de Josette ?

— Non, qui est-ce ?

— C'est la fille de mon amie, Brigitte. Elle a déjà dix-huit ans. C'est une belle jeune-fille maintenant et elle est super sympa. Tu te rappelles pas ? On s'est vus une fois au parc.

— C'est cette rouquine pleine de taches de rousseur avec un nez en trompette ? Il pleut dedans.

— Mais non, il pleut pas dedans, tu es méchant, elle a un petit air espiègle très mignon.

— Admettons !

— Tout cela pour te dire qu'elle est prof de gym. Et en fait, le soir, elle est coach de handibasket ou basket fauteuil et elle demande si cela t'intéresserait de faire du basket-ball avec son club.

— Non, pas du tout. Tu sais que je n'aime que le foot, le basket c'est pour les nuls.

— Oui. Mais là, ça serait pas devant la télé, tu pourrais vraiment faire du sport. Il paraît que c'est une super équipe, ils ont tous à peu près ton âge, tu pourrais peut-être te faire des amis ?

— Je n'ai pas besoin d'amis.

— Tout le monde a besoin d'amis.

Maman a l'air très enthousiaste. Quand elle se met à avoir des idées, elle est relou. Mais il veut bien lui faire plaisir, pour une fois.

— Éventuellement, un jour, j'irai voir.

C'est vendredi. Il arrive un petit peu plus tôt de l'école. Il y a plein de dames dans le salon. Il les entend et les aperçoit par la porte entrebâillée. Elles papotent comme des perruches. Ce sont des voisines, des amies, des connaissances. Didier ne les connaît pas, mais elles ont l'air de vraies commères.

Elles parlent de quoi ? Il saisit des bribes de la conversation. Il lui semble percevoir des mots comme : « *dribbler* », « intraitable au rebond », « capable d'exploits en équilibre sur une roue », « remise en jeu », « lancer-franc », « passeur d'une impressionnante précision », « arme secrète », « artilleur hors pair ».

Elles parlent sûrement de lui. Il souhaite fuir le plus vite possible. Trop tard, Maman l'a repéré.

— Didi, entre !

Il se risque.

— Bonjour !

— C'est mon fils, Didier, dit Maman avec fierté.

— Bonjour Didier ! disent en chœur les perruches.

— Tu veux des biscuits ? C'est tes préférés, ceux avec du chocolat fondu au milieu.

— Non merci. Il faut que je fasse mes devoirs.

— Il y a aussi des chips et du thé.

Quatre ou cinq dames sont là : des amies de Maman, assises en train de boire du thé anglais avec des biscuits. Il reconnaît Brigitte et Josette est là aussi évidemment. Didier aurait dû savoir que c'était un coup monté. Il l'a reconnue tout de suite avec son nez en forme de… oui enfin son nez, quoi.

— Salut Didier. Je m'appelle Josette. Tu te souviens de moi ? On s'est rencontrés une fois dans le parc.

— Oui, vaguement.

— J'ai beaucoup entendu parler de toi, dit-elle en lui faisant un grand sourire *pepsodent*.

— J'imagine.

— Il paraît que tu t'intéresses au basket.

— Pas du tout.

— J'ai dû mal comprendre.

— Carrément.

— Eh bien, tu pourrais quand même venir une fois nous voir jouer. Si tu veux. Juste pour voir.

— Non.

Josette fronce son nez en trompette.

Silence. On entend les mouches voler. Gênée, Maman tente de meubler le silence en proposant une nouvelle distribution de café, biscuits et chips. Didier veut bien goûter les biscuits. En fait, il est resté seulement à cause d'eux.

On entend le « Gling ! Gling ! » des cuillères qui heurtent la porcelaine en tournant dans les tasses. On entend le « Scrunch ! Scrunch ! » des biscuits et des chips.

Soudain, Didier laisse tomber sa petite cuillère. Josette, qui est la plus proche de lui se précipite pour la ramasser, mais Didier est plus rapide. Josette vient de commettre sa première faute. Il lui lance un regard qui tue. Maman a tout vu.

C'est foutu, se dit-elle.

« Gling, Gling », « Scrunch », « Scrunch ».

— L'année prochaine, nous allons en Italie, dit Josette, tu aurais pu venir avec nous. Ça aurait été cool.

Ça y est. Ça en est aussi une qui met des « cools » dans toutes les phrases.

« Quouac », « couac », « quoic »,… Quoique, aller en Italie, c'est quand même son rêve depuis toujours.

— Au bord de la mer, à Rimini, ajoute-t-elle en levant les sourcils et montrant ses jolies dents pepsodent.

C'est certainement Maman qui lui a conseillé de parler de l'Italie.

Didier n'écoute plus rien, il n'a qu'une idée, s'enfuir d'ici et tout de suite. Loin des perruches et des « Gling, Gling », « Scrunch, Scrunch » exaspérants.

— Je dois faire mes devoirs.

— Bon, alors à la prochaine, Didier.

Mais Maman fait une tête de trois mètres de long.

— OK. Je veux bien faire un essai, mais c'est juste pour voir. En tant que spectateur uniquement, précise-t-il.

Il fait un sourire aussi laid qu'une grimace.

— Tu es sûr ? Je veux pas te forcer.

— Non. C'est promis. Je viendrai.

— Chouette.

Heureusement qu'elle a pas dit « cool ».

Cette nuit-là, Maman et les autres perruches sont en cercle autour de la table. Elles baissent la tête, liées bras dessus, bras dessous, épaules contre épaules, comme lors d'une mêlée au rugby. C'est une coalition contre lui. Mais, qu'est-ce qu'elles se disent ? Didier n'entend que des chuchotements.

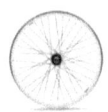

12
LES BASKETS

Didier aime le style simple et décontracté et porte toujours les mêmes vêtements, sombres de préférence, jusqu'à ce qu'ils soient usés jusqu'à la corde. Sa garde-robe se compose principalement de jeans, de t-shirts *oversize* et de quelques sweats. Mais pour son entrée dans le monde du basket, la maman de Didier veut absolument lui acheter un beau training. Elle le voit déjà en bleu et rouge.

— Cela te changera du noir, dit-elle.

— Je reste comme je suis, décrète Didier. Je vais juste assister à un entraînement de toute façon. Tu exagères.

— Il te faut une tenue. On va devoir faire du shopping.

— T'es sérieuse, là ?

Il ne manquait plus que ça. S'il a horreur d'une chose, c'est bien du shopping. C'est vraiment un truc de meufs ça.

— Et avec ça, de nouvelles baskets immaculées.

Maman sait bien que s'il y a deux choses qu'il ne peut pas supporter, c'est premièrement le shopping et deuxièmement les pompes.

— Je vais commander un truc sur Internet.

Mais, Maman s'entête :

— Pas question. Tu sais bien que ça ne correspond jamais à ce qu'on voit en ligne. Tu te rappelles pas la dernière fois qu'on a pris des pantalons et des baskets ? Les pantalons, c'était un sac de patates et les souliers étaient de deux tailles différentes.

Didier va devoir s'y coller.

C'est parti. En fait, c'est déjà mal parti, puisqu'on est samedi, et qu'on peut à peine se frayer un chemin dans la foule. Or, samedi est le seul jour de libre de Maman. Didier est d'humeur massacrante. Pourquoi y a-t-il autant d'êtres humains sur la Terre ?

Par contre, désormais, grâce à son entraînement intensif dans la cave, il manie tellement bien sa chaise que plus aucun trottoir ni seuil de magasin ne lui résistent. Et hop ! On monte et hop ! On descend. On tourne, volte et virevolte, danse une folle farandole comme un vrai pro de l'acrobatie.

Ils rentrent dans un magasin de sport.

— Il faut essayer. C'est mieux, conseille Maman en lui tendant un magnifique pantalon training bleu à double bande rouge.

— Mais non, je ne veux pas essayer, de toute façon, je prends le noir.

Didier ne se voit pas entrer dans la cabine, si toutefois c'est possible, se contorsionner comme un ver sur sa chaise pour enfiler ce foutu training.

— Bon d'accord, dit Maman, on va emporter celui-ci, c'est une bonne marque et il a l'air facile d'entretien.

Ouf ! Déjà une bonne chose de faite. Mais le pire est à venir : les baskets.

Dans ce grand magasin de chaussures, il y a des tonnes de baskets presque toutes identiques. Lesquelles choisir ? Didier ne va quand même pas les essayer toutes. Il prend la première paire venue :

— Celles-ci sont très bien.
— Mais attends, il faut essayer au moins.
— Mais non, pourquoi faire ?
— Je sais pas, elles m'ont l'air un peu petites. C'est du 47 ?
— Mais oui, je sais lire quand même.

Didier soupire. Il enfile la paire de baskets.

— Es-tu sûr que tu n'arrives pas au bout ?
— Maman, Stop ! Tu me saoules !
— Attends, j'en ai trouvé une plus belle, celles-ci, elles ont l'air plus solides en plus.

Il va la tuer.

— Bon, encore celles-là et après c'est fini.

Mais Maman est pénible. Il faut qu'il essaie encore au moins douze modèles différents. Ensuite, évidemment, son cœur balance. Celui de Maman aussi. On n'aura jamais fini. Avec sa chaise, il bouche le passage. Il se retrouve là en chaussettes. Non seulement elles sont dépareillées, mais elles ont de gros trous, les deux gros orteils sortent. C'est la honte. Il a chaud et est exténué. Il est au bout de sa vie. Il voit toutes ses paires de souliers en éventail autour de son fauteuil. Cela lui donne le tournis. En y pensant, elles feraient de bons... projectiles.

Il se décide enfin :

— Je vais prendre les premières, elles me plaisent bien.

Mais, une vendeuse exagérément aimable s'approche :

— Est-ce que je peux vous aider ?
— J'ai choisi. Je vais prendre celles-ci.

Il les tend à la dame. Elle est jolie et très maquillée avec un sourire ultra *pepsodent* et une voix haut perchée :

— Vous avez raison Monsieur, il faut acheter les chaussures avec les pieds et pas avec les yeux.
— Ma grand-mère dit ça aussi.
— Et au moins, avec celles-ci, vous pourrez marcher longtemps.

Les yeux de Didier deviennent très sombres. La vendeuse vient de se rendre compte de la boulette. Sa tête vire au blanc lavabo. Maman est tout à coup très pressée de payer et de sortir.

Il se baisse et saisit la première paire de chaussures venue et la lance de toutes ses forces à la volée dans la boutique.

Ils sont seuls dans le magasin vide.

— Tu avais promis ! Même juré sur la tête de ta mère.

— Mais Clem ! Je visais personne.

— Bon d'accord, je te crois, Didi, mais tu aurais pu blesser quelqu'un. Bon, maintenant, il va falloir ranger tout ça.

Face à eux, se dresse l'intégralité du stock du magasin : une gigantesque montagne de chaussures pêle-mêle.

Didier se réveille en nage.

13
LE BASKET FAUTEUIL

C'est aujourd'hui, le grand jour. Pour l'occasion, Didier a voulu une nouvelle coupe de cheveux, plus moderne. Maman n'était pas d'accord, alors finalement elle lui a fait une coupe maison : au bol homme. Avec le plus beau bol de sa cuisine, le bleu foncé avec des étoiles jaunes. Bon, Didier n'a pas trop râlé, il a même trouvé que ça passait crème.

Maman l'a juste accompagné jusqu'au bâtiment et est repartie en vitesse. Elle viendra le rechercher dans une heure. Heureusement, personne n'a vu que c'est sa mère qui l'a emmené.

Il entre dans une grande salle de sport moderne et bien éclairée. Didier n'aurait jamais pensé qu'il existait, dans sa région, autant de jeunes handicapés exactement comme lui. Ce sont des filles et des gars de son âge, tous en chaise roulante. Ils n'ont pas l'air de peaux de chagrin, mais plutôt de s'amuser comme des fous. Josette est présente avec sa tignasse rousse et son nez en trompette. Elle l'a tout de suite repéré. Elle s'approche de lui.

— Hey ! Didier, c'est vraiment chouette que tu sois venu. Tu es très élégant.

Didier rougit un peu.

— Salut Josette. Je suis là juste pour regarder.

— OK. Mais tu peux m'appeler Jojo !

— Ça marche.

Il se pose au bord du terrain. Il y a là déjà quelques supporters : de la famille, des amis. Les joueurs se lancent sur le court. Tout le monde se met à rouler à toute vitesse. C'est le tohu-bohu général. Du moins, c'est ce qui semble à Didier. Ça hurle de tous les côtés. Il faut surtout dribbler, ne pas garder la balle pour soi, la passer, attaquer et tirer au panier. Tout le monde est excité. On roule dans toutes les directions. On se tamponne, on n'arrête pas de tomber, mais on se relève immédiatement. Ils manient super bien leur fauteuil et arrivent à faire des feintes comme ça, en moins de deux. Jojo est la coach. Elle crie comme une malade pour encourager l'équipe et donne des conseils avisés. Elle connaît les forces et les faiblesses de chacun et aussi leur forme physique et essaie de favoriser l'évolution durable de leurs performances.

Première pause : Josette adresse un petit coucou à Didier. Il lui répond par un petit clin d'œil. Mi-temps. Quinze minutes de pause. Josette : nouveau petit coucou. Didier ne bronche pas. *Elle commence à exagérer.* Troisième pause. Didier regarde ailleurs.

À la fin du match, elle vient vers lui.
— Alors ? Comment t'as trouvé ?
— Ouais, ça a l'air sympa.
— Tu souhaites essayer ?
— Je sais pas.
— Bon. Je te laisse réfléchir. Tu m'écris un SMS ?
— Peut-être.
— Tu veux mon numéro ?
— D'accord.
— Je peux avoir le tien ?
— Bon.

Ils s'échangent les numéros.
— À une prochaine !
— Ouais, à une prochaine !

Ce soir-là, la chaise éclairée par la lampe de chevet projette son ombre sur le plafond. Soudain, l'ombre s'étire. Le dossier s'amincit, les petites roues deviennent des pattes de devant, les grandes roues des pattes de derrière, les poignées de longues oreilles mobiles. La poche ne manque pas, elle est juste passée du dos au ventre. Mais oui, la chaise roulante se transforme en kangourou. L'animal tient un ballon dans les pattes et fait d'énormes bonds tout en dribblant. Il arrive jusqu'au panier, saute très haut jusqu'à ce qu'il se trouve pratiquement en face, vise et tire.

— *Paniieeeeeeeh !*

Il vient de marquer. Il ramasse le ballon et le remet dans sa poche de… derrière.

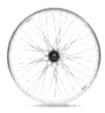

14
LE GUET-APENS

—Didier, Josette a rappelé aujourd'hui.
—Arrête de comploter dans mon dos !
—Mais, non, c'est juste qu'elle t'a écrit et, comme elle n'a pas eu de réponse, elle voulait savoir si éventuellement tu avais changé de numéro. Elle pense que tu devrais essayer le basket.
—Elle devrait penser moins.
—C'est pas gentil, ça !
—Elle perd son temps, je te dis.
—Elle a eu l'impression que ça te plaisait, mais que tu n'osais pas te lancer.
—Elle est collante.
—Mais non. Je lui ai expliqué que tu es un peu un loup solitaire et que tu aurais besoin d'un peu de temps. Elle est d'accord de te donner des cours privés.

Un loup solitaire ? Oui, Maman a tapé dans le

mille. Un loup argenté qui hurle à la lune sur fond bleu, c'est magnifique. Il avait un poster comme ça autrefois dans sa chambre.

— C'est mort, je te dis. Le basket est un sport d'équipe. Et moi, je suis un loup solitaire, comme tu dis si bien. Et toi aussi, lâche l'affaire !

— Eh bien, pour commencer, vous feriez des paniers et tu ferais équipe contre elle.

— Ouais. Je ferais une belle équipe à moi tout seul, c'est sûr.

— Cela te coûte rien d'essayer. Parce que, en plus, elle t'offre les cours. Elle dit qu'elle veut t'apprendre la technique.

— Tu es sourde ou quoi ?

— Tu sais, cela te permettrait peut-être de voyager. Il paraît que l'année prochaine ils vont en Italie, il y a des tournois là, des matchs amicaux ou quelque chose dans ce genre, ça pourrait être chouette.

— Maman, tu es relou, j'ai même pas commencé et tu penses déjà à l'Italie ! Lâche-moi !

Maman n'a aucune idée de ce que « relou » veut dire, mais elle a de la suite dans les idées. Une semaine plus tard, elle annonce à son fils qu'elle a invité un groupe de copines à boire le café jeudi.

Les mêmes pipelettes que la dernière fois, pense Didier. Josette vient aussi, c'est son jour de congé. Ben voyons ! Didier est furax. En effet, le jeudi, c'est aussi son jour de congé, et il avait prévu de jouer à *Zelda Breath of The Wild* et à *Tears of the Kingdom* tout l'après-midi.

— C'est pas vrai, Maman, je sais très bien que c'est un guet-apens. Ne compte pas sur moi !

Il la regarde faire la moue.

Sauve qui peut ! se dit Didier. Mais où aller ? C'est l'hiver, il fait glacial et il n'a aucune intention de rester dehors. Il ne peut pas aller au centre Jeunesse, il y a trop de marches. Il se creuse la tête. Il lui faut une excuse. Qui pourrait l'aider ? Ses frères et sœurs ? Aucune chance. Clem ? Elle travaille le jeudi. Il doit supprimer ce funeste jeudi de la semaine.

Cette nuit-là, Didier arrive au centre Jeunesse. Comment a-t-il fait pour monter les trois marches ? Dieu seul le sait. Toujours est-il qu'il est là. Pourvu qu'on ne fasse pas attention à moi, se dit-il. Il fait valser la porte à la manière d'un shérif qui rentre dans un saloon. Tout le monde s'est arrêté de boire, de fumer, de rire et de danser. La musique aussi s'est tue. Tous les regards se tournent vers l'entrée. La chaise roulante est… vide. Seule une fumée se dégage du siège. Une jolie fumée bleue qui forme des volutes, de jolis O bien ronds.

Arrive le fameux jeudi. Comme il pleut des cordes et que le sol est recouvert de glace, Didier s'est résigné à rester à la maison et s'est « tapé » les copines de Maman et évidemment la casse-pieds de Josette. Elle lui a apporté un cadeau.

— C'est pas mon anniv.

— Je sais, c'est juste comme ça.

Il déchire le beau papier cadeau rouge brillant. Dedans, il y a le maillot de match : noir avec la tête de lion doré. Il affiche le numéro 8, son chiffre porte-bonheur. C'est un piège, un affreux traquenard.

— C'est ton idée ça ?

— Oui. Je te promets.
— Arrête tes manigances !
— Mes quoi ?
— T'as très bien compris.
— Tu l'essaies ?
— Bon.

Didier enfile le maillot.

— WOW, il te va comme un gant, une deuxième peau.

Didier rit un peu jaune. Cette Josette est certainement une affreuse menteuse et une vraie punaise. Mais, enfin, elle est quand même plutôt mignonne.

Il s'est fait avoir. Il a accepté que Josette lui donne des cours privés.

Cette nuit-là, Didier fait son entrée sur le terrain. Tous les regards se tournent vers lui consternés. Il a oublié de mettre son maillot et son short. Heureusement qu'il a encore son slip ! Quoi que ! Il aurait quand même pu choisir autre chose qu'un slip noir avec des cœurs rouges.

15
PREMIERS ENTRAÎNEMENTS

Ils sont tout seuls dans la grande salle de gym bleu océan. Josette a dégotté un fauteuil à Didier. Il faut encore le sangler au niveau des genoux. Les roues sont inclinées pour une meilleure maniabilité. Il est également composé de petites roues dites anti-bascule pour rendre le tout plus stable. Le joueur dispose d'une barre à l'avant pour le protéger des chocs aux jambes.

On commence par l'échauffement. Traction, renforcement musculaire. Pompes sur fauteuil : mains sur les accoudoirs, poitrine en avant, fléchir les coudes, puis pousser vers le haut, bras tendus. Cent répétitions.

Elle a mis une musique entraînante et placé des cônes orange dans toute la salle et aussi de gros pneus pour exercer les slaloms.

Allure de confort. Aux « TOP ! » : demi-tour,

tour complet, marche avant, marche arrière, de nouveau marche avant, accélérations sur la main courante. Les deux petites roues de devant doivent se lever lors de l'accélération. Retour de main à l'arrière. Virage serré. Droite, gauche, dribbler, arrêter, attraper. Avancer le buste pour les accélérations. Ensuite, on fait des zigzags autour des cônes, et des cercles plus grands autour des pneus.

Après, on passe aux choses sérieuses : intercepter le ballon, se relancer, dribbler, passer, viser la planche, tirer, tout en regardant ce que font les autres. Josette lui apprend aussi le rebond, c'est-à-dire capter la balle après un tir manqué et avant que celle-ci ne touche le sol, et sa figure préférée, la « spéciale » : *shooter* le dos face au panier.

Mais c'est pas tout. Il faut coordonner tout ça, penser à son buste, au fauteuil, faire corps avec lui.

Josette crie « 1, 2, 3 », « Tout doux, tout doux ! », « Plus vite ! Plus vite ! », « OK, pas mal », « J'attaque, gêne-moi ! », « Contre-attaque ! », « Biennnnn ! », « Attention ! », « Tire ! », « Go ! Go ! Go ! », « Jolie passe ! », « Panieeeeehhhhhhh ! »

Elle lui apprend les règles. Gêner derrière, de côté est permis, mais le choc frontal est interdit. Et aussi par exemple la règle des huit secondes : une équipe en possession du ballon dispose de huit secondes pour faire sortir le ballon de sa moitié de terrain et le faire évoluer dans la moitié de l'équipe adverse.

— Huit secondes ! WOW ! C'est court. Je comprends mieux pourquoi on speede.

— Il faut aussi considérer que, contrairement

au basket valide, au handibasket, le joueur avec la balle ne peut pas la faire rebondir plus de deux fois sans la poser ou la lancer. On n'a pas le droit d'accaparer le ballon. Il n'est pas non plus autorisé de lancer la balle par-dessus les accoudoirs du fauteuil.

— Oui d'accord. Mais je sais pas comment tirer.

— Si tu te trouves sur le côté du panier proche de la raquette, vise le coin du petit carré ! Sinon, prends pour cible l'anneau que tu dois voir à travers le filet !

— C'est facile à dire.

Josette est une fille sympa, elle est passionnée par son sport et communique son enthousiasme au handicapé.

— Tu te débrouilles pas mal.

— C'est pas facile.

— Il faut juste que tu travailles le cardio. Pense à ça aussi : il faut être le ballon.

— Ouais. Avant tu m'as dit de faire corps avec mon fauteuil, d'être mon fauteuil et maintenant je dois aussi être le ballon. Tu exagères.

— Je te mets trop la pression ?

— Un peu.

— C'est parce que je sais que tu as un super potentiel.

Didier la regarde perplexe. Avec tous ces allers et retours, il est mort. Il a les épaules en feu, les mains toutes noires et pleines d'ampoules. Et avec tout ça, il a raté tous ses paniers.

— Attends, je vais te mettre du baume anti-brûlures. Mais d'abord, il faut mettre les mains sous l'eau froide.

Didier demande pourquoi on joue sans gants. Josette lui explique que cela peut diminuer la sensibilité et le contrôle de la balle. En outre, les règles de la Fédération Internationale de Basketball en fauteuil roulant (IWBF) n'encouragent pas l'utilisation de gants, car cela pourrait créer des inégalités en termes de performances. Ils vont dans les toilettes des messieurs. Il savonne ses paumes et les rince longuement sous le jet glacé, puis laisse sécher. Pendant ce temps, elle cherche le baume désinfectant. Elle l'applique avec douceur, puis un pansement stérile pour couvrir la zone blessée sans serrer. Elle se penche. Une boucle de ses cheveux roux vient caresser la joue de Didier. *C'est pas mal de se faire dorloter*, pense Didier.

— Merci Josette.
— Appelle-moi Jojo ! Tu reviendras ?
— Éventuellement.
— Tu blagues, là ? T'es pas drôle.
— Ouais, je reviendrai.
— Bon. Ciao. À mardi.
— Ok. À mardi.

Ils ont déjà fait quatre entraînements et cela marche plus tôt pas mal. Il commence à bien jouer. Ses mains sont toujours noires, mais il n'a plus d'ampoules. Dommage ! Finies les séances de baume.

— Alors, on fait un essai la semaine prochaine, Didier. Tu te jettes dans la fosse aux lions ? Les Lions, c'est le nom de l'équipe de Josette.
— Quoi ?

Didier la regarde avec des yeux gros comme

des ballons de basket. Il ne sait jouer que contre Josette.

— Tu veux vraiment que je joue un vrai match, et avec les Lions en plus ? Tu es ouf ?

— Non.

— Tu crois que je suis prêt ?

— Je crois pas. J'en suis sûre. Très sûre.

— Arrête ! On joue un contre un. En plus, je sais bien que la plupart du temps tu me laisses gagner.

— Pas du tout. Bon, peut-être un peu au début, mais plus maintenant.

Didier regarde Josette. Elle doit être malade. Mais enfin, il faut dire qu'elle serait assez mignonne, si elle n'avait pas ce long nez de Pinocchio ou est-ce plutôt en trompette ? Didier ne saurait le dire. En tout cas, il est bizarre et aurait un besoin urgent d'une chirurgie esthétique.

Josette sourit. Didier est son préféré. Quand il la regarde, elle se sent toute transpercée. Elle veillera à ce qu'il ne lui arrive rien.

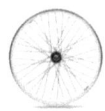

16
LA CATASTROPHE

C'est le grand jour. L'échauffement, Didier connaît. Ensuite, on passe aux choses sérieuses. Il est ailier.

Il se lance. Il avance vers le ballon. Il essaie de se souvenir de ce que Josette lui a appris. Cela va trop vite. Où est le ballon ? C'est une blague ou quoi ?

— Eh ! Didier, c'est pour toi.

Un gars lui fait une passe. Ça y est, c'est à lui. Il attrape la balle. Il dribble deux fois. Il n'a pas le droit de la garder, mais il fait quoi alors ? Un long gaillard maigre comme un clou, aux cheveux blonds oxygénés, qui semble avoir autant de bras qu'une pieuvre, donc huit, essaie de le contrer. Il tente de s'en débarrasser et de passer le ballon à un type, qui doit s'appeler quelque chose comme Zizi.

— Purée ! c'est bien un coéquipier ? Ah oui, il a le maillot gris. Je deviens daltonien ou quoi. Et mon panier, il est de quel côté ?

Il fait une passe à l'aveugle.

« Allez ! », « Pousse, pousse, pousse ! », « Stop ! Stop ! », « Défense ! Défense ! », « Go, Go, Go ! », « C'est dans la boîte ! », « Panieeeeh » : c'est Josette qui encourage l'équipe.

Soudain un adversaire s'échappe, lui chipe le ballon, le double et s'élance pour shooter. Dans sa course folle, le gaillard, qui doit s'appeler Raoul, accroche la chaise de Didier et l'entraîne avec lui sur plusieurs mètres.

— Mais p... où sont les freins ? Oh non !

Didier vient de s'apercevoir que les fauteuils de handibasket n'ont pas de frein. Il tente de freiner avec les mains, mais il n'a pas le temps. Il fait un tour complet pleine vitesse.

— Non, non, non, non, non, non, non. Maman, au secours !

Patatras ! La chaise de Didier bascule, se retourne et tombe. Didier se retrouve par terre, son fauteuil a glissé sur son dos et le recouvre presque entièrement. Il reste là sans bouger, absolument immobile. Le véhicule commence à prendre la poudre d'escampette. Il est là le nez collé sur le terrain en caoutchouc.

On s'est arrêtés de jouer. On entend les mouches voler. Le garçon qui l'a frôlé vient vers lui pour l'aider à se relever et à se remettre sur son fauteuil. Il s'excuse mille fois :

— T'as mal ?

— Non, ça va. Pas de mal, répond Didier. Sa

grimace dit le contraire.

C'est sûr, le basket, ce n'est pas pour lui.

Ce soir-là, la chaise de Didier roule jusqu'en Afrique. Un énorme grand-papa éléphant fatigué l'aperçoit. Elle a l'air confortable. Pouf ! Il s'assied dessus et aplatit la chaise comme une crêpe. Bon débarras !

17
L'ÉQUIPE

C'est un appel de Josette :

— Allô Didier. Hier, tu es parti sur les chapeaux de roues. Je suis désolée pour ce qui t'est arrivé. Tu t'es pas fait mal au moins ?

— Non, ça va.

— Tu sais Didier, tout est de ma faute. Je t'ai donné une vieille chaise. En fait, tu aurais dû rester attaché, les sangles ont probablement lâché. Je vais contrôler. Il faut aussi que je révise les roues. Elles sont peut-être abîmées.

— Lâche l'affaire, Josette !

— Raoul se souvient pas s'il t'a repoussé à l'aide des avant-bras ou est entré en contact avec toi au moyen de ses coudes. Tu sais, ce sont des fautes offensives typiques.

— Mais non. J'ai dérapé c'est tout.

— En tout cas, il est désolé et a demandé

mille fois si tu n'avais rien de cassé. Tu sais, on a un physiothérapeute spécialisé. Il faudra aller le voir.

—Tu me gonfles, Josette.

—Tu n'as vraiment mal nulle part ?

—Non. Je te dis. Tu es sourde ?

—Alors, c'est le principal. J'espère que tu reviendras.

—Tu rigoles ? T'as bien vu, je joue comme un sac.

—Mais non, Didier. Tu manies très bien ton fauteuil. Je suis sûre que t'as du talent.

—Du talent ? J'ai fini le match sous ma chaise. C'est mort, je te dis.

—Mais non, il faut encore que tu apprennes à te relever, c'est tout.

—Ciao, Josette.

—Attends ! Tu sais, on a arrêté le match. On était choqués. Les autres aussi se faisaient un sang d'encre.

—Mais enfin, vous exagérez. Il ne s'est rien passé. Maman m'attendait déjà dehors.

—Didier. Je comprends que tu sois frustré.

—Frustré ? Non. Réaliste.

—Zut ! C'est pas ce que je voulais dire. Mais réfléchis ! Tu vas pas te laisser abattre pour ça. Tu manques à l'équipe. Et, et… à moi aussi.

—Tu te fous de ma gueule ? Ils m'ont vu qu'une fois.

—Non, je me fous pas de ta gueule. Tu reviendras ?

—Pas en rêve !

—Ne baisse pas déjà les bras !

— Tu me saoules. Josette. Ciao.
— Attends Didier ! Ne raccroche pas !
« Clic ! »

Une heure plus tard, elle commence à lui envoyer des SMS disant : « *Go ! Go ! Go !* » Aucune réaction de Didier. Second SMS : « Les Lions vous mangeront. Hon ! Hon ! Hon ! » : c'est le cri de guerre de l'équipe. *N'importe quoi ! Si elle croit que je vais répondre.* Puis, il a reçu trois *emojis* qui pleurent. *Quel boulet ! Cette Jojo.* S'ensuivent sept *emojis* qui font coucou. *Elle est gonflée cette meuf.* Puis, elle est passée aux symboles avec des cœurs à la place des yeux. *Sérieux ?* Et puis à ceux qui envoient des bisous. *Elle se la pète, c'est insupportable.*

Il n'a aucune intention de lui répondre. Il en a plus que marre. Il la déteste de toutes ses forces. Il va la bloquer.

Ça a fini par marcher. Il est d'accord de reprendre l'entraînement, mais seul avec Josette.

C'est reparti. Elle lui apprend à ne faire rebondir la balle que deux fois, à surtout se relever tout de suite quand il tombe et le meilleur : les feintes et les tours de passe-passe, comme « l'hésitation », qui est une feinte de dribble, un changement de cadence pour duper l'adversaire. Chaque fois qu'il marque, elle crie « Paniehhhhhhhhhhhh ! » Ça roule plutôt bien et il fait beaucoup de progrès.

Au bout de quelques semaines, elle revient à la charge.

— Demain, on joue avec l'équipe. Tu viendras ?

— Non. Tu sais, Josette, je te vois venir depuis un moment déjà. C'est un guet-apens.

— Un guet-apens ?

— Oui. Un piège si tu préfères.

— Tu exagères.

— Je sais ce que tu trames depuis le début.

— Trames ? Je trame rien du tout.

— Si. Depuis le début, je te vois venir avec tes petites manigances. Il te manque un joueur. Vous êtes que neuf.

— Comment tu sais ça ?

— J'ai entendu Maman le dire au téléphone. Et, en plus, je sais compter.

— Bon. D'accord, tu as raison, il me manque un joueur. Au début, c'était vraiment ce qui me motivait. Puis, je t'ai vu jouer. Je crois en toi, Didier, je t'assure.

— Bla bla bla

— Je te promets.

Elle le regarde avec son petit air mutin, le nez froissé.

— Tu me mets ailier ?

— Pas de problème.

— Alors, d'acc.

— Ah ! ben voilà.

Cette fois-ci, Didier doit absolument protéger la raquette. Le match se passe sans heurt, et même ça roule plutôt pas mal.

L'équipe est cool. Huit gaillards et une meuf cabossés par la vie. Ils sont en chaise suite à une maladie ou à un accident. Ils ont souvent de longs séjours d'hôpital derrière eux. Certains ont encore des douleurs résiduelles et, quelques fois, aussi des douleurs dues au basket fauteuil, qui sollicite beaucoup les épaules.

Ce n'est pas toujours facile. Certains se lèvent à six heures du matin pour faire leurs devoirs. Car voilà, il faut combiner les cours, les physiothérapies et les entraînements. Une autre chose les réunit : ils sont tous complètement mordus de basket.

Après l'entraînement, ils vont boire un pot.

— Eh, Didier, tu viens, on va à la buvette ?

— D'acc.

Il a la coupe afro et le brassard des Lions : noir avec la tête de lion doré. C'est Mansour, le capitaine. Il est originaire du Cameroun. Il est arrivé en Suisse il y a plus de sept ans. Mais, il faisait déjà rebondir la balle quand il était encore en Afrique. Tout jeune, dans son village, il faisait partie des talents locaux. Suite à un accident de voiture avec son père au volant, il est devenu paraplégique. Ce n'est pas ça qui l'a arrêté. Il a continué en chaise, voilà tout. Il a le basket dans le sang.

Il lui présente les gars. Ils s'appellent Raoul, Michael, Mathis, Lucas, Johnny, Calix, Ziggy et la seule meuf, Gloria.

— Ça fait longtemps que vous vous entraînez avec Josette ? questionne Didier.

— Ouais, deux ans. Avant on avait un mec, puis il est parti aux USA. Au début, comme on était une équipe de mecs, puisqu'Olivia n'était pas encore là, on a voulu un entraîneur. On a appris que Josette avait déposé une demande. Elle était prof de gym, elle pratiquait le basket depuis longtemps, mais n'avait aucune expérience en tant qu'entraîneuse. En plus, elle n'avait jamais eu à faire avec des handicapés. Et de toute façon, on voulait pas de meuf.

— C'était mal parti.

— Ouais, mais c'est tout ce que la Fédération de basket nous a trouvé. On l'avait déjà vu jouer. À l'époque, on la surnommait Bicoflex, comme les matelas, parce qu'elle avait des ressorts dans les jambes. Mais, on était sûr qu'elle n'aurait ni la compétence ni l'autorité nécessaire pour entraîner une équipe de mecs handicapés. On a beaucoup râlé, et finalement, puisque la Fédération ne trouvait personne d'autre, on a été d'accord de la rencontrer. Elle nous a parlé de sa vision, de ses projets pour nous, elle voulait amener les Lions au sommet. On lui a expliqué qu'elle nous avait été imposée et qu'on voulait pas de meuf.

— Elle a répondu que c'était pas parce qu'elle était une meuf, qu'elle avait pas de c….

— Alors, on a dit d'accord, on te donne une chance.

— Et après, vous avez regretté ?

— Carrément. Au début, on l'a détestée. Elle nous a tués. L'entraînement était très physique. Elle nous faisait faire 300 pompes par entraînement, et si on avait le malheur de se plaindre ou de manquer un entraînement pour des raisons fumeuses, c'était 100 de plus.

— Autant ! Ouille ! Ça, je savais pas.

— Ben oui. Tu verras. Ensuite, on a capté qu'elle voulait qu'on se donne à fond. On a commencé à faire des progrès et à gagner des matchs. Avec le temps, on a fini par s'habituer à elle, et maintenant on la trouve cool.

— Oui, elle est dure, mais c'est pour notre bien.

— Ouais. Dis donc, Didier ? Tu serais pas un peu son chouchou ?

— T'es ouf.

— Ouais, ouais. Ou alors tu es son nouveau poulain.

— Poulain ? Je suis pas un cheval. Lâche-moi, Mansour !

— Elle arrête pas de te faire des petits coups d'œil en coin.

— Je sais pas, j'ai rien remarqué. De toute façon, je la kiffe pas. Elle est moche.

— OK.

Ils se marrent comme des baleines. Ils ont vraiment le sens de l'humour, puisque leur premier nom de club était « *Les globe-trotters* ». Ensuite, Josette l'a changé.

Ils donnent des surnoms à tout le monde. Il y a Raoul. Lui, il le connaît déjà, puisque c'est celui qui l'a fait tomber. Il est un peu rond, alors on l'appelle Bouboule. Ensuite, Michael, c'est Jordan. Mathis, c'est bien entendu Magic. Lucas, c'est Lulu, Calix, c'est Calimero parce qu'il se plaint tout le temps. Johnny, celui qui a des biceps et des triceps de déménageur, c'est Popeye pour les intimes. Gloria, comme c'est la copine de Popeye, s'est vue affublée du nom d'Olivia. Ziggy, c'est Zizi et Mansour, c'est Mamour.

— Moi, c'est Didi, dit Didier, qui s'attend au pire.

— On adore faire des blagues très cash sur le handicap, explique le capitaine. Olivia, comme elle est amputée, quand elle joue, on lui dit : « Lace tes chaussures ! », et elle baisse la tête. Elle ne se rend même pas compte qu'elle a pas de jambe. AHAHAHAH !

Ça les fait plier de rire. Et quand ils ont bu quelques bières, ils se mettent même à chanter :

— Un kilomètre à pied ça use, ça use,
»Un kilomètre à pied ça use les souliers.
»Deux kilomètres à pied ça use, ça use,
»Deux kilomètres à pied ça use les souliers…
»Dans la troupe y a pas d'jambes de bois
»Y a des nouilles mais ça n'se voit pas
»La meilleure façon d'marcher
»C'est encore la nôtre,
»C'est de mettre un pied d'vant l'autre
»Et d'recommencer…

Didier est obligé de rire aussi. Mais ce qu'il préfère, c'est leur cri de guerre, quand, pour se donner du cœur, ils hurlent tous ensemble, en cercle, le poing levé :

— Les Lions vous mangeront ! Les Lions vous mangeront. Hon Hon Hon !

Au bout de trois matchs, il peut s'inscrire au club et prendre sa licence, et reçoit, comme les autres, un fauteuil fabriqué à ses mesures.

Il est 5 heures. Le soleil se lève sur Yaoundé, capitale du Cameroun. La reine d'Angleterre Camilla, en tailleur rose et chapeau à fleurs blanches, descend de l'avion au bras de son mari, le roi Charles III également très élégant. Ils sont venus voir la Coupe du monde de handibasket, mais surtout admirer la star internationale du club des Lions, Speedy Didi.

À la fin de la journée, à force de signer des autographes, il a horriblement mal au poignet.

18
RAOUL

Bouboule, alias Raoul, s'est excusé encore au moins une demi-douzaine de fois.

Ce garçon robuste, aux épaules de déménageur, aux yeux bleu lavande et aux cheveux clairs, arbore la même coiffure que Boris Johnson : une crinière sauvage balayée par le vent. Cependant, à la différence du Premier ministre britannique, il n'a pas besoin de teindre ses cheveux en jaune paille ni de les ébouriffer délibérément pour se donner un air rebelle. C'est juste la faute de la nature si, à son grand désespoir, il est incoiffable.

Raoul est devenu paraplégique suite à une terrible chute en parapente. Au-dessus d'une zone forestière dense, à une centaine de mètres de hauteur, il a subitement été pris dans une turbulence atmosphérique, une aile de son parapente s'est refermée, il n'a pas eu le temps de réagir et cela a été la chute à la verticale, la tête la première.

Didier et lui sont devenus copains. Un jour, ils sont allés boire un jus à la buvette de la salle de sport. Raoul lui a tout raconté : son accident. Il a frôlé la mort. Il est resté plus d'une année à l'hosto. Aujourd'hui, ça va mieux, même si ce n'est pas tous les jours la joie. Il lui décrit sa révolte, sa tristesse, son acceptation et son nouveau challenge : le basket.

Lui aussi, au début, il a failli décrocher plusieurs fois. Il ne faisait que tomber et cela l'enrageait.

— Je te jure, Didi. C'était carrément la galère. Si tu m'avais vu jouer au début. J'étais vraiment minable, je marquais pas un seul panier. Une fois même, tu vas pas le croire, j'ai assommé un spectateur.

— Ahahah !

— C'est pas drôle. J'ai voulu faire un tir en un temps pour faire trois points, il a atterri dans les tribunes, et j'ai mis un supporter KO. Il a reçu le ballon en pleine poire.

— Il a eu les lunettes cassées, j'ai également percuté le cornet de popcorn qu'il était en train de picorer, qui s'est dispersé dans toutes les directions. Heureusement, c'était quand même pas trop grave, il s'en est sorti avec un œil au beurre noir.

— Ahahah !

— Ris pas ! J'aurais pu lui faire très mal. Je me suis excusé cent mille fois, lui ai remboursé ses lunettes, racheté un paquet de popcorn et envoyé un bouquet de fleurs. Tout ce qu'il voulait c'était le ballon qui l'avait frappé dédicacé par moi, tu te rends compte ?

— Le missile même qui l'avait frappé en pleine poire, vraiment ?

— Oui. Celui-là même.

— C'est comme ça, quand on est une star.

— Ahahah ! Il devait être maso, c'est tout.

— Et c'est quoi qui t'a fait tenir ?

— C'est Zach Hodskins. Autrefois, j'aimais voir les matchs de la NBA avec ces géants qui chaussent du 47,5 comme Michael Jordan ou Magic Johnson. Ils n'ont presque pas besoin de sauter, ils déposent le ballon dans le panier. Et j'adorais quand ils marquaient en s'accrochant à l'arceau, à deux mains. Mais, quand j'ai vu sur YouTube jouer Zach Hodskins, j'ai trouvé ça trop. Ça m'en a bouché un coin. C'est lui qui m'a fait raccrocher. Tu l'as déjà vu ?

— Non.

— C'est un *handibasketteur* américain. Avec une seule main valide, il domine le match et dépasse régulièrement la barre des trente points. En plus, il a le sens de l'humour, puisque quand on lui demande comment il a perdu son bras, il répond que c'est un requin, alors que c'est une maladie de naissance. Il fait le dur avec ça. Pour faire plus vrai, il est même rentré dans une société de défense des requins avec d'autres cinglés, qui les défendent alors qu'ils se sont fait bouffer un bras ou une jambe.

— Ouais, c'est parce qu'ils sont en voie de disparition et sont utiles pour l'écosystème. Ils mangent des animaux faibles ou malades, et en faisant la navette pour se nourrir entre les eaux profondes et la surface, grâce à leurs excréments, ils apportent des nutriments essentiels aux océans.

— En plus, certains requins sont herbivores. Le requin pèlerin par exemple n'est pas agressif envers l'humain. De par son régime alimentaire planctonivore, il n'attaque ni les plongeurs ni les bateaux. En fait, en parlant d'herbivores, il y a plus de chance de se faire tuer par une vache que par un requin.

— Dis pas ça ! Je suis fan des vaches.
— Sérieux ?
— Grave.
— Et qu'est-ce que tu leur trouves ?
— Ce sont les animaux les plus utiles, les plus gentils et paisibles du monde, il n'y a qu'à regarder leurs yeux.

— Ouais, elles sont quand même vachement dangereuses, puisqu'elles participent au réchauffement de la Terre. Plus d'un milliard de vaches paissant sur la planète contribuent à la diminution de la couche d'ozone en relâchant 300 000 tonnes de méthane dans l'atmosphère par jour.

— J'y crois pas une seconde. Je suis sûr que c'est une invention du parti des automobilistes.

— Ahahah ! Tu me fais rire Didi avec tes vaches. Mais, c'est vrai qu'elles ont de beaux yeux.

— Oui et les requins aussi ont de beaux yeux. Malheureusement, ils sont myopes et ils prennent les pieds des nageurs pour des poissons ou des otaries.

— Je pense aussi qu'ils se trompent, parce que les pieds des surfeurs c'est de la viande trop fade.

— Je sais pas, j'ai jamais goûté. Mais, c'est quand même vrai qu'avec leurs multiples rangées de dents pas vraiment rassurantes, ils sont pas forcément sympas.

— Mon père est dentiste. Il aurait dû faire dentiste pour requins.

— Sauf qu'ils n'en ont pas besoin, leurs dents en phosphate de calcium sont pointues comme un rasoir et elles se renouvellent dès qu'elles tombent. Chez certains ce sont plus de trente mille dents qui sont perdues et renouvelées durant leur existence.

— Et ton père ?

— Mon père nettement moins. Il doit avoir environ trente-deux dents comme tout le monde.

— Ahahah ! Non, ton père il fait quoi ?

— Mon père ? Je ne le vois pratiquement jamais. Il a pas le temps de toute façon, c'est aussi une espèce de requin, mais de la finance. Ils sont pas forcément sympas, ceux-là non plus. Je vis avec ma mère et mes cinq frères et sœurs.

— Il faudra que tu viennes une fois à la maison, Didi. On peut se regarder des vidéos sur les poissons. J'en ai plein.

Didier est allé chez Raoul. Ils ont une grande et belle maison. Le père de Raoul a un cabinet dentaire qui marche très bien. Sa maman est très gentille. Elle a préparé des cookies délicieux. Raoul est fils unique. Sa chambre est entièrement peinte en bleu. En plus, il y a des photos et des tableaux sur le thème de la mer, des plages et des océans, ainsi qu'un grand poster du film *Le Grand Bleu*.

Les deux jeunes garçons sont passionnés par les poissons, les requins, les baleines et les tortues. Raoul et lui visionnent des films, qui expliquent la vie des océans, la magie des mers. Ils admirent l'élégance et la beauté des poissons, la majesté des baleines, comme la baleine boréale, qui vit plus de deux cents ans. En mesurant la radioactivité sur le cristallin des yeux des requins du Groenland, on apprend qu'ils vivent plus de huit cents ans. L'éponge de verre cristalline qui vit à deux mille mètres de profondeur, elle, vit dix-sept mille ans. La palourde de Ming en Island, cinq cents ans. Et le record absolu, la gracieuse méduse Turritopsis dohrnii peut inverser son propre vieillissement, dès qu'elle commence à subir les affres du temps, elle rajeunit, revient au stade de larve et reprend sa vie à zéro, et ceci indéfiniment.

Didier, c'est le cas de le dire, est médusé.

— Sûrement qu'ils vont extraire des cellules de cette méduse pour en faire un élixir de jeunesse, dit Raoul.

— Ouais. Ou une crème de beauté anti-âge.

— Ouais, et une pilule pour redevenir un embryon.

— Tu aimerais vivre mille ans ?

— Ben oui, mais pas en chaise roulante.

— On est d'accord.

Ils ont aussi parlé de basket.

Raoul a demandé à Didier ce qui l'avait fait tenir, lui.

— C'est Jojo. Avoue ! Tu la kiffes.

— T'es con, Raoul.

— T'es sûr ?

— Elle a sûrement un mec, de toute façon.

— Non, je pense pas. Mais pourquoi tu veux savoir ? Hein ?

— Ta gueule.
— Ahahah !
— Et toi, t'as une meuf ?
— Mais non.
— Et Olivia ?
— Quoi Olivia ?
— Tu la kiffes ?
— Quoi ?
— Tu crois que j'ai pas vu vos petits coucous en cachette ?
— On fait pas de coucou.
— Hmm…
— Tu es relou. De toute façon, c'est la femme de Popeye.
— Carrément.
— Fin de la discussion.
— À l'âge de trois ans, je montais sur un muret et je sautais avec le parapluie de mon papa. Je te montre, raconte Raoul.

Il montre à Didier son nez de boxeur, son arcade sourcilière fendue et son menton de travers.

— J'ai toujours été une tête brûlée. Mais, le parapente, c'est fini. Depuis mon accident, mes parents ne veulent plus jamais entendre parler de ce sport. Ils pensent que contre les forces de la nature, on ne peut rien.

— Je les comprends un peu.

— J'adore le basket. Mais, mon truc c'est toujours le parapente. Mes parents ne le savent pas encore, mais un jour je reprendrai l'entraînement. Tu verras, un beau jour je vais harnacher mon fauteuil au parapente et je vais survoler l'Atlantique.

— WOW ! Didier est impressionné. Et ça fait

quelle distance ça ?

— Au moins 3 200 kilomètres. Et tu verras, Didi, un jour je vais devenir moniteur de parapente pour les handicapés et même les non-handicapés.

— Je te crois.

— Vraiment ?

— Carrément.

Didier est scotché.

Cette nuit-là, Didier balance les bras et fait pivoter les roues. Il a lancé sa chaise avec force, elle fait plusieurs tours sur elle-même. Mais elle a pris trop d'élan. La chaise décolle, s'envole jusque par-dessus la forêt amazonienne. Elle parcourt des milliers de kilomètres, pour arriver au-dessus de l'océan bleu profond. Une bourrasque le fait chuter dans l'eau et il se fait manger par un requin à cinquante rangées de dents en or.

Raoul est venu chez Didier. Il lui a présenté ses cinq frères et sœurs et Orchidée, lui a montré ses posters de Ronaldo, Messi, Maradona et Kilian Mbappé au mur et son ballon de foot avec la dédicace de David Beckham.

Ils ont joué aux jeux vidéo tout l'après-midi. Didier a perdu au *Pirates des Caraïbes 3* et à *Fortnite*, mais a gagné aux *Colons de Catane*.

— Bon, maintenant on va passer aux choses sérieuses. On va jouer au *Monopoly*.

— Laisse tomber Didi : au *Monopoly*, je suis imbattable.

— Moi aussi.

— Je vais te foutre une raclée.

— Et moi, te détruire, te démolir, t'anéantir,

t'exterminer, te massacrer, t'atomiser, te pulvériser en mille morceaux et te réduire en miettes.

— Et moi te botter les fesses.
— Et moi, te moucher.
— Et moi, te caraméliser.
— Tu vas regretter d'être venu au monde.
— Je crois que j'ai capté. Que le meilleur gagne !

Le duel des Masters commence.

Les forces sont plutôt égales. Au bout de deux heures, Didi a quatre gares, la Rue Henri Martin complète et plein de blé, mais Raoul a plus d'hôtels que Didier.

— C'est prêt !

Ouf ! Sauvés par le gong. Il faut arrêter la partie pour déguster la délicieuse tourte aux marrons avec du Chai que Maman leur a préparée.

— Et alors ? demande Maman.
— On est match nul. Mais, ce n'est que partie remise.
— C'est ça, vous finirez une autre fois. La dernière partie a duré quatre jours.

On se marre bien. Comme c'est mercredi, veille de jour de congé, Raoul peut rester regarder le match de foot en hurlant devant le téléviseur avec les frères et sœurs de Didier.

Il a eu l'air de les trouver sympas, mais sa préférée c'est quand même Orchidée.

19
CRICRI ET MIMI

— Hey ! Didi, demain il y a Cricri et Mimi qui viennent boire un café.
— Connais pas.
— Mais tu sais, Christophe et Mireille Müller, ce couple de handicapés en fauteuil, hypersympas, qu'on a rencontré à Paris il y a quelque temps. Ils désirent nous montrer des diapos de leur dernier voyage.
— Des diapos ? C'est quoi ça ?
— Oui, enfin, des photos. Ils sont partis avec leur chaise roulante. C'était toute une épopée.
Oh, mon Dieu ! se dit Didier. *Ça va être naze, je vais mourir d'ennui.*
— Non, demain, je peux pas.
— C'est jeudi, ton jour de congé. Allez Didi, ils pourraient nous apprendre quelque chose, tu sais, sur « réaliser ses rêves » ou un truc dans le genre.

— Bla, bla, bla.

— Allez, Didi. Je t'assure c'était un véritable exploit, ce périple. Ils ont fait le tour de l'Europe pendant trois mois et tout ça en fauteuil ! Et en plus avec Napoléon.

— Napoléon, c'est ce beau labrador noir ?

— Oui.

— Alors, bon. Tu feras mon gâteau préféré ?

— Oui.

— Aux carottes ? Avec plein de carottes en massepain.

— Ça marche.

— Et toutes les carottes seront pour moi ?

— Bon. Ça roule.

Cricri et Mimi sont venus avec leur adorable labrador noir, Napoléon et tout un attirail moyen-âgeux : une visionneuse qui fait Clic ! pour ôter une diapo et Clac ! pour mettre la suivante, un écran de projection et des tas de boîtes de diapositives.

— Mimi et moi, on est pas des bêtes de la techno.

Ils commencent à raconter leur périple. Placé sous le slogan : « Vis tes rêves au lieu de rêver ta vie ! VOYAGE EN EUROPE 2024. »

Ils ont traversé la France, l'Espagne, le Portugal, la Hollande et l'Allemagne. Ils ont des centaines de photos de paysages, de villes, d'églises et de châteaux. Cricri raconte :

— Et voilà comment tout cela a commencé. Depuis toujours, on avait ce rêve de faire un grand périple, et attendre la retraite afin de le réaliser nous semblait trop incertain.

— Vous avez drôlement bien fait, dit Maman.

— Donc, on a pris trois mois de vacances. On a eu besoin de plusieurs mois de préparation sérieuse. J'ai, non seulement, dû soumettre une demande de congé non rémunéré, mais il a aussi fallu résoudre beaucoup de problèmes organisationnels et techniques. Il s'agissait de fixer, en gros, l'itinéraire avec la documentation adéquate : des récits de voyages, de souvenirs, des guides, des listes des hôtels, auberges, places de camping, places de parc et de tout ce qui offre des possibilités d'hébergement public. Notre aventure prévoyait de faire des étapes d'environ trois cents kilomètres par semaine.

« Clic ! » Mimi enclenche une diapo qui représente un fringant petit bus-camping. Cricri continue :

— En raison de la difficulté à trouver des hôtels adaptés aux personnes en fauteuil, on a décidé d'acheter ce véhicule, qu'on a fait aménager en fonction de nos besoins. Il offre de l'espace pour deux chaises roulantes, deux Swisstracs, qui sont des dispositifs d'assistance à la mobilité, un pont élévateur latéral pour faciliter l'accès et un chien ici présent, Napoléon.

— Wouf ! Wouf ! approuve Napoléon.

— De plus, l'intérieur peut être transformé en une chambre à coucher, et est équipé de diverses commodités, notamment des armoires, une cuisinière à gaz, une petite boîte frigorifique, un évier avec un réservoir d'eau et des toilettes mobiles.

« Clic ! Clac ! » Changement de diapo. Des toilettes mobiles posées devant le bus dans une ambiance bucolique. En arrière-fond, des montagnes enneigées. Cricri poursuit :

— Nous ne voulions pas rester coincés, au sens propre et figuré. Donc, on a encore pris un fauteuil de remplacement. On s'est également procuré une rampe mobile pour franchir un fossé autour de la parcelle du camping, une inégalité de terrain ou un endroit tendre du sol. Naturellement, tout cela nécessite de la place. Notre solution a été l'achat d'une remorque.

« Clic ! Clac ! » Diapo de la remorque. Maman n'en revient pas :

— Vous avez vraiment pensé à tout.

— Il le fallait. On souhaitait être aussi autonomes et indépendants que possible. On ne voulait pas non plus dépenser toute notre énergie à charger et décharger, à monter et démonter chaque jour un tas de matériel. Comme on est parti en octobre, et qu'on allait aussi dans le Nord, on avait besoin d'habits chauds et d'une foule d'autres choses. La solution a été une petite remorque verrouillable capable de contenir une quantité de tenues pour tout climat, le fauteuil de remplacement, pour plus de sécurité, les rails de transfert pour le trac, le swisstrac, la fameuse rampe mobile, de la nourriture pour chien, une table, des bouteilles de gaz, un grill, pour ne pas toujours devoir cuisiner dans le bus et, entre autres, un parasol, car nous espérions que le soleil serait du voyage. Afin de ne pas devoir monter le grill à gaz à chaque arrêt, nous avons fabriqué une table pliable, sur laquelle le grill est vissé et solidement fixé dans la remorque. Pour les habits et la nourriture du chien, la remorque devait encore être équipée d'étagères.

Clic ! Clac ! Diapo du bus avec la remorque

sur un parking.

— Il fallait encore atteler la remorque au bus. On a bien essayé avec un swisstrac, mais en raison du poids de la remorque, cela ne marchait que sur un sol plat et dur. Il s'agissait également de résoudre le problème, particulièrement épineux, de pouvoir approcher la remorque de façon précise en vue de l'ancrage, afin qu'elle ne doive plus être poussée qu'un minimum. Pour cela, on a installé un rétroviseur, grâce auquel on peut guider l'attelage depuis le volant du bus. On a ensuite cherché un grand parking pour nous exercer à conduire avec cette remorque.

— Quel courage ! s'exclame Maman.

— Le 14 octobre, c'est le grand départ. On a roulé jusqu'en Andalousie. C'était magnifique.

« Clic ! Clac ! » Diapos des paysages époustouflants de l'Andalousie. Cricri, Mimi et Napoléon devant une immense paella.

— On n'envisageait jamais de rester plus qu'une nuit, donc il fallait toujours veiller à trouver un endroit, où nous n'avions pas besoin de décrocher la remorque. Des fois, il n'y avait malheureusement pas de terrain de camping ou aucun qui corresponde à nos exigences, c'est-à-dire adapté aux fauteuils roulants et autorisé aux chiens.

« Clic ! Clac ! » Diapo d'une installation de douche de camping à flanc de coteau.

— Mais le grand thème, c'était quand même les sanitaires. Souvent, il n'y avait pas de douche ou de W.C. adaptés. Et comme on a eu quelques petits soucis avec nos toilettes mobiles. Hum… Je vous passe les détails. En plus, les restoroutes que nous avons visités n'avaient pas de sanitaires pour handicapés, ou alors très mal entretenus.

—C'est un scandale, estime Maman.

—En général, on a souvent rencontré des problèmes d'accessibilité : des rampes devant les entrées. Peu de terrains de camping disposent de machines à laver atteignables et utilisables pour nous.

Et puis, les campings sont axés sur la haute saison et donc, le reste de l'année, les rayons des magasins sont plus ou moins vides.

« Clic ! Clac ! » Le Portugal. Cricri, Mimi et Napoléon en train de manger des pastels de nata.

—En Espagne et au Portugal, en général, l'existence de pistes cyclables, de zones piétonnes sécurisées, de rampes d'accès et d'installations d'élévation est limitée, et il arrive parfois qu'il n'y ait même pas de place de stationnement réservée aux personnes handicapées.

« Clic ! Clac ! » Mimi et Cricri devant une énorme assiette de coquillages et d'escargots dégustée à Strasbourg. « Clic ! Clac ! » Les mêmes devant une montagne de choucroute garnie.

« Clic ! Clac ! » Napoléon en train de faucher une saucisse.

—En France, on s'est régalés. Et, heureusement, il y a, dans ce pays, souvent la possibilité de passer la nuit sur des places de parc prévues pour les caravanes au lieu de terrains de camping. Pas besoin de décrocher la remorque, et c'est moins cher.

« Clic ! Clac ! » Diapo de Cricri et Mimi dans un restaurant munichois en train de manger des

Bratwürste. Légende de la photo : « *Tout a une fin, mais la saucisse en a deux.* » Mimi raconte :

— En Allemagne, ce qui est dommage, c'est que l'accès à certaines curiosités importantes reste bloqué par des seuils ou des escaliers.

« Clic ! Clac ! » Mimi et Cricri sur leur chaise, tout sourire, avec Napoléon devant un magnifique champ de tulipes. « Clic ! Clac ! » Des tulipes à perte de vue.

— La Hollande. Là, nous pourrions nous sentir rapidement chez nous avec un réseau de pistes cyclables aussi étendu. Au bord de toutes les routes, il y a parallèlement une piste cyclable goudronnée sur les deux côtés. Nous avons été frappés de croiser autant de personnes âgées sur des rollators ou des scooters électriques. Cela provient du fait, qu'en Hollande, le financement de bons moyens auxiliaires est facilité, aussi pour les personnes âgées.

En ce qui concerne l'accès aux chaises roulantes dans les pays parcourus, la Hollande serait sûrement notre patrie de choix. Ici, le handicapé peut véritablement se sentir l'égal des autres êtres humains.

— Bravo la Hollande, dit Maman.

— En tout et pour tout, on a pas eu de panne ni d'accident. On s'est juste fait piquer un téléphone portable et une caméra numérique, qu'on avait laissés traîner bien en vue dans le bus. Au temps pour nous.

— Oui, c'était à Séville, on a été punis pour notre naïveté. Mais, nous avons eu de la chance dans le malheur, car les voleurs n'ont pas trouvé le laptop et l'argent liquide bien dissimulés sous le siège.

— Wow ! dit Maman, et tout ça sur trois mois, cela doit être une expérience inoubliable.

— Oui, répond Mimi, cela valait la peine. On a pu mettre de côté nos obligations, se laisser guider par la spontanéité, admirer de magnifiques paysages et des constructions impressionnantes, ainsi que faire des rencontres intéressantes avec des étrangers. Cette aventure a été très enrichissante et, grâce à notre maison mobile, on a eu une grande liberté et indépendance, malgré les défis physiques qu'on a dû relever. On a également été étonnés par la générosité des personnes rencontrées en cours de route.

— Bien sûr, ajoute Cricri, il y a toujours des situations où nous voulons ou devons demander de l'assistance. Mais, dans les campings, les gens sont beaucoup plus ouverts, plus sociables et plus serviables que dans les hôtels. En outre, lorsque nous avons rejeté une proposition d'aide tout en remerciant, cela a, en principe, bien été accepté.

— Ouais. Nous sommes aussi un peu fiers d'avoir osé ce voyage et de l'avoir réussi !

— Vous pouvez, dit Maman. Ça m'a l'air magnifique, et c'est un vrai exploit.

— La machine à rêves n'est pas en panne ! Notre prochaine étape, c'est l'Asie.

— Quoi ? L'Asie ? En bus-camping ?

— Oui. On est déjà en train de le préparer.

— WOW !

Pendant ce temps, Didier s'amuse avec Napoléon. Il est trop cute, ce chien.

Quand même, quelle galère ! pense-t-il. *C'est décidé : quand je serai grand, je me battrai pour améliorer les conditions de vie des handicapés.*

Cette nuit, Didier part en Hollande. Il se retrouve parmi des dizaines de moulins à vent qui tournent à plein tube. Leurs ailes fendent l'air à toute allure. L'une d'entre elles accroche sa chaise, et la propulse dans les airs. C'est la Grande Roue. De là-haut, on peut admirer les champs de tulipes multicolores qui s'étendent à l'infini. Didier tombe…
du lit.

20

MANSOUR

— Eh Captain ! Qu'est-ce que tu fais là ?

C'est la rentrée. Et voilà pas que Didier tombe sur Mansour, Mamour pour les intimes. Il préfère quand même l'appeler Mansour, c'est plus joli. Avec sa coupe afro, il ressemble comme deux gouttes d'eau à Yannick Noah.

— Eh Didi ! Comment tu vas ?

— Ça roule et toi ? Tu es au collège du Sud maintenant ?

— J'étais au collège du Nord, mais mes parents ont déménagé. Du coup, j'ai dû changer d'établissement.

— Ah ! cool, au moins, je suis plus le seul handicapé de l'école.

— Ouais, c'est cool. Moi aussi, j'étais le seul là-bas. Tu es en quelle année ?

— En 2e A et toi ?

— Moi en 2ᵉ B.

— Ah ! ben, on va pouvoir se croiser en cours de chimie. C'est une classe multiniveau.

— C'est moderne ici, j'ai vu qu'il y avait des monte-escaliers partout. Et les toilettes, ça va ?

— Ouais, elles sont adaptées.

— Ah cool ! Il faut que j'y aille. On va s'prendre un jus après l'école ?

— À 5 heures ? Au café de la Rose ? C'est juste à côté.

— Ça marche.

— À plus, Captain.

— Bonne journée, Didi.

À côté du collège, il y a un petit café, *La Rose*, sans marche ni seuil. On peut y parler tranquille, parce que les élèves n'y vont pas : c'est un endroit considéré « pour les mémés ».

Ils sirotent du coca.

— Tu portes pas de chaussures ?

— Jamais. Tu vois, comme de toute façon je ne ressens plus le froid, j'en vois pas la nécessité. En plus, c'est, avec la coupe de cheveux, un autre point commun que j'ai avec Yannick Noah, qui est pieds nus depuis trente ans. C'est comme ça qu'il se sent le mieux. Il a même une chanson : « Quand on vit les pieds nus, c'est une renaissance à chaque pas de nos vies. »

— WOW ! C'est Zen. Moi, j'ai quand même froid aux pieds de temps en temps, mais j'aimerais bien aussi essayer une fois. Il faut encore que j'en discute avec ma mère.

— Ouais, tu verras, c'est stylé.

— Tu l'as vu en short et sans chaussures en

2022 quand il a reçu le président de la République, Macron, au Cameroun, où il vit aujourd'hui ?

— Qui ? Yannick ?

— Oui.

— Il est trop.

Ils reprennent un coca. Les mémés les regardent un peu en dessous. Ils commencent à casser du sucre sur le dos des enseignants.

— Comment sont les profs dans ce collège ?

— Ben, ce que je peux te dire, comme on a à peu près les mêmes profs, c'est que le prof d'allemand, je sais pas si tu l'as déjà eu, il parle comme un robot, c'est saoulant. En plus en allemand, ça craint.

— Ah oui, Monsieur Kupferschmidt, je l'ai eu ce matin, j'ai dû me pincer plusieurs fois pour pas m'endormir.

— Et après, il s'étonne que les élèves n'aiment pas cette langue. Mais, celui dont il faut se méfier le plus, c'est le prof de droit, Monsieur Légo. Il a des yeux revolver, bleu acier et, pendant les tests écrits, il fixe la classe toute l'heure sans bouger, les bras croisés, immobile comme une statue. Je te jure qu'il te lâche pas d'une semelle. C'est la Gestapo, je te dis. Pas moyen de tricher.

— Merci du tuyau.

— Il y a aussi le prof de math, Monsieur Wettstein, qui se prend pour Einstein, sauf qu'il a pas inventé le principe de relativité. Pendant une heure, il remplit le tableau de hiéroglyphes incompréhensibles pour tout le monde, excepté pour lui. Il gesticule tellement qu'à la fin, il a la figure pleine de craie. Il en a même dans les cheveux et dans la bouche. Je te promets, ça vaut le détour.

— Ahahah ! Tu exagères.

— Non, je te jure. Il y a le prof de chimie, Monsieur Boulette, qui se prend aussi pour un génie. Un jour, il préparait une expérience appelée « bouteille whoosh ». En théorie, elle devait contenir beaucoup de vapeur d'alcool, et peu d'oxygène. Il a dû mettre beaucoup trop d'oxygène. Il avait bien l'intention de provoquer une petite explosion, mais pas de faire un trou dans le plafond. Heureusement, il n'y a pas eu de blessé. Une chose est sûre quand même : ce jour-là, on a tous retenu la leçon !

— Dis donc ! Ça craint cette école.

— Attends ! C'est pas fini. Il y a aussi le prof de philo, Monsieur Piqué, qui porte bien son nom, puisqu'il se prend pour Platon et qu'il mate les filles.

— *OMG* ! C'est glauque. Il y a encore d'autres spécimens dans ce genre ?

— Ouais, il y a Madame Montcherry, la prof de géo, qui confond l'est et l'ouest.

— Oh la la.

— Quant aux pays baltes : l'Estonie, la Lettonie et la Lituanie, elle se plante toujours. Elle est pas balèze.

— Oui, c'est pas brillant pour une prof de géo.

— Ouais. Elle a trouvé son diplôme dans une pochette-surprise.

— Et c'est tout ?

— Non. Il y a encore le prof de gym, Monsieur Petit, qui fait plus de deux mètres.

— Ahahah !

— Arrête, on se moque pas du physique des gens.

— T'as trop raison, c'est moche. Mais, maintenant tu vas me dire qu'il y a aussi une Madame Grand, qui mesure un mètre cinquante.

— Non, c'est tout.

— Merci pour l'info. À propos de sport, tu sais, Didi, c'est cool que tu sois revenu au basket. Il nous manquait un joueur.

— Oui, oui. Je sais.

— Non, mais pas seulement pour ça, je trouve que t'as la classe.

— Tu le penses vraiment ?

— Ouais, tu as un réel talent, et surtout de l'estomac. Il faut juste que tu travailles ton timing.

— C'est Josette qui m'a donné les bases.

— Oui, elle est cool.

— Je joue comme une quiche à côté de toi.

— Oh, moi ! Tu sais, je suis tombé dedans. Je fais du basket depuis l'âge de six ans. En Afrique, j'habitais un tout petit patelin et il y en avait que pour le foot. On avait même pas de vrai ballon de basket. On jouait avec un vieux ballon de foot tout raplapla. Je t'explique pas comment on a fabriqué le panier.

— Ça devait pas être facile de dribbler dans ces conditions.

— Je dois être né pour ça. On était une équipe de fous du basket et on s'éclatait. Et aussi on bossait. On n'a rien sans effort.

— Oui, il faut y mettre tout son cœur, c'est ce que Jojo me dit toujours.

— Elle a toujours raison, Jojo. Et tu bosses ?

— Ouais, tu sais, avant j'étais accro aux jeux vidéo, maintenant j'ai levé le pied pour m'entraîner plus.

— C'est bien. Est-ce que je peux te demander : t'as eu la poliomyélite ?

— À trois ans. Et toi, t'as eu ton accident en Suisse ?

— Non, en Afrique, à l'âge de huit ans.

— Oui, je sais tu m'as dit, t'as eu un accident de voiture.

— Mon père a eu une seconde d'inattention et il est entré dans un arbre. Lui, il n'a rien eu, mais moi, presque tous les os du haut de mon corps ont été fracturés. Quand j'ai compris que je resterais en chaise toute ma vie, d'abord, j'ai souhaité mourir et ensuite je me suis révolté et j'en voulais à mon père. Je lui en ai voulu à mort pendant des années. Lui n'avait rien du tout et moi… Pourquoi moi ? Pourquoi pas lui ? Pourquoi pas n'importe qui d'autre ?

— Et le 23, c'est à cause de Michael Jordan ?

— Ouais. C'est son numéro. C'est toujours mon idole. Une fois, j'ai lu dans un magazine qu'il ne savait pas nager. Il expliquait pourquoi. Un jour, un ami à lui s'est noyé devant ses yeux, il a été horriblement choqué et, ce jour-là, il a failli subir le même sort.

— WOW ! Cela semble incroyable. Il est six fois champion, on a l'impression qu'il peut et sait tout faire. Mais, il est comme nous.

— Ouais. Alors, un jour je me suis dit : je suis le maître de mon destin, le capitaine de mon âme, comme disait je sais plus qui. J'étais en vie et la chaise ne m'empêchait pas de continuer le basket. J'étais juste assis au lieu de debout. Pour mon père, c'était plus dur.

— Comment tu es venu en Suisse ?

— Il y a sept ans, mon père, qui est biochimiste a obtenu un poste ici.

— Et ça te plaît ?

— Oui, au début je trouvais le climat morbide et les gens horriblement tristes. Le premier jour où je suis arrivé, j'étais sûr que c'était deuil national. Je savais juste pas qui était mort.

— Et ensuite ?

— Après, j'ai compris que les habitants avaient juste des soucis de boulot.

— Et tes parents ?

— Ma mère, au départ, elle a eu du mal. Le soleil et les sourires africains lui manquaient trop. Puis, elle a trouvé un bon job, elle est traductrice. Maintenant, elle se plaît bien ici. Sauf, qu'elle n'a qu'une seule idée en tête : me faire porter des chaussures. Elle a peur que je me fasse des engelures ou un truc du genre. C'est niqué. Mais, c'est mon père.

— Quoi ton père ?

— Il va pas bien. Le boulot, oui, mais il se pardonne pas l'accident. Moi, je l'ai fait depuis longtemps.

— Le pauvre !

— Ouais. Du coup, quand il baisse de l'aile, il n'y a que moi qui arrive à le consoler.

— Et comment tu fais ?

— Il n'y a qu'une chose qui lui rend la pêche : je lui chante la chanson de Yannick Noah.

Didier la connaît aussi. Ils commencent à chanter à tue-tête, en balançant les bras en l'air à

gauche, à droite :
— *Saga Africa*
»Ambiance de la brousse
»Saga Africa
»Attention les secousses !
Les mémés manquent de s'étrangler avec leur camomille.

Cette nuit, Didier et toute l'équipe de handi-basketteurs fêtent leur victoire au bord de la piscine. Ils boivent des cocktails multicolores, aux noms exotiques : Mojito, Blue Lagoon, Pina Colada, Sex on the beach et son préféré : Mango Lover, avec des glaçons, tranches de citron et petits parasols. Ils chantent à tue-tête **Saga** **Africa**. *Didier tourne le dos à la piscine et ne se rend pas compte qu'il s'approche dangereusement du bord. Plouf ! Il tombe et la chaise s'enfonce. Ne remonte à la surface qu'un petit parasol en papier mauve.*

Heureusement, Captain Mansour est là pour le repêcher.

21

LA COUPE

Raoul et Didier sont devenus les meilleurs potes du monde. Ils jouent souvent ensemble aux jeux vidéo. Didier a quand même fini par le battre deux ou trois fois. Ils réservent le *Monopoly* pour les grandes vacances, parce que c'est trop long. Raoul a réussi à charmer Orchidée, qui lui voue un amour réciproque. Quelle belle hypocrite, celle-là !

Pour l'anniversaire de Didier, Maman lui a permis de faire des mèches auburn. Il faut encore les ébouriffer avec une tonne de gel et, comme ça, il ressemble un peu à Raoul.

Son copain lui a offert une vraie dent de requin en forme de pendentif, un porte-bonheur.

— J'ai hésité. Je voulais d'abord te choisir une cloche de vache, mais pour mettre autour du cou, c'était un peu lourd.

—Ahahah ! Merci Raoul. J'en aurai besoin

pour la coupe.

La rencontre décisive a lieu le 9 octobre. On prend le bus en direction de Düsseldorf. Les Panthers détiennent le titre de champions de la Ligue. C'est là que le titre sera gagné, mais c'est également là qu'il pourrait être perdu.

L'ambiance est du tonnerre. On entame la chanson du club :

— *1 km à pied…*
»Dans la troupe y a pas d'jambes de bois
»Y a des nouilles mais ça n'se voit pas
Josette tente de les briefer.

— Eh ! les Lions, vous êtes prêts ?

— On est grave prêts.

— Parce que les Panthers, c'est pas des fillettes.

— Calmos, Josette. On va leur montrer ce qu'on a dans le ventre. On est les meilleurs.

— J'ai confiance en vous.

La salle de Düsseldorf est hypermoderne, presque entièrement en bois avec des poutres apparentes et un sol en caoutchouc doré.

Josette les avait prévenus : les Panthers de l'équipe de Düsseldorf, non seulement, c'est pas des mauviettes, mais ce sont de vrais titans. Ils ont tous des bustes impressionnants et des biceps comme des jambons. En plus, ils sont gonflés à bloc par le public, puisqu'ils jouent chez eux. Dans les tribunes, au moins sept cents supporters allemands bruyants.

Mais, les Suisses ont répondu présents, il y a quand même trois bus qui ont fait le déplacement. Ils crient : « Allez Les Lions ! », « Go ! Go ! Go ! » tout aussi fort que les autres.

On s'échauffe : rotation d'épaules, pompes sur fauteuil, flexion et extension du coude, rotation du tronc, échauffement du cou. C'est la folle farandole des chaises. On s'essaie au panier. Didier porte le maillot que lui a offert Josette avec son numéro porte-bonheur, le 8, Raoul le 9 et Mansour, comme d'habitude, le 23 de son joueur fétiche, Michael Jordan.

Pour se donner du cœur, l'équipe se met en cercle le poing levé :

— Les Lions vous mangeront ! Les Lions vous mangeront. Hon Hon Hon !

Cela ne semble pas déstabiliser les adversaires. Ils prennent la même position et crient un truc en allemand du genre : « *Bringen wir es hinter uns ! Das Bier wartet nicht. Houga Houga !* », qui doit vouloir dire traduit à peu près :

— Qu'on en finisse ! La bière n'attend pas ! Houga Houga !

Les « Cinq de base », c'est-à-dire les cinq Lions et les cinq Panthers prennent possession du terrain.

La constellation suisse est la suivante : Mansour est le meneur, Popeye ailier, Olivia ailier fort, Bouboule est arrière et Didi pivot.

Entre-deux : l'arbitre engage la balle en la lançant en l'air entre un Lion et une Panther placés au milieu du terrain. Mansour réussit à l'intercepter. C'est parti. Le jeu démarre en trombe. Tout le monde crie :

— Attention ! À gauche ! À droite ! À moi ! Accélère ! Je suis libre ! *Go* ! *Go* ! *Go* !

Ce qui donne en allemand : « *Achtung !,*

Links!, Rechts!, Ich bin frei!, Go! Go! Go! » Les Lions ont un bon esprit d'équipe et une très bonne interaction entre les joueurs, mais ceux de Düsseldorf sont coriaces et les forces sont égales. Il y a bien quelques fautes défensives des deux côtés, mais rien de grave. Les deux arbitres, un petit Hollandais rondelet et un grand Mexicain maigrichon sifflent à qui mieux mieux. Mais à part ça, rien à dire, ils sont réglos et ne favorisent aucune équipe.

Les Lions s'en sortent plutôt pas mal. Raoul est en pleine forme. Didier, qui galérait au début, s'est repris. Il a réussi quelques passes décisives, trois lancer-francs, quelques tirs normaux, deux paniers à trois points et ne s'est pas trop fait chiper le ballon. Il y a juste un type, le numéro 6 des Panthers, qui doit s'appeler Théodor, mais qu'on appelle Totor, qui le surveille de près. Il a l'air d'un taureau, a la boule à zéro et est recouvert de piercings et de tatouages partout. Il ne le lâche pas d'une semelle et tente de le bloquer. De temps en temps, il le fixe et lui fait une grimace affreuse pour l'intimider. Frankenstein, à côté, il est mignon.

— Tu veux ma photo, Rambo ?

Un peu plus tard, Totor fonce sur Didier et manque de le renverser. Il n'arrête pas d'essayer de le contrer. Il lui chuchote entre ses dents des noms d'oiseau en allemand, pas trop fort, pour que les arbitres n'entendent pas. Didier ne comprend rien, de toute façon. Pas moyen de s'en débarrasser : « Écarte-toi ! », « Hors de mon chemin ! », « Recule, ma poule ! », « Du vent ! », « Dégage ! », « Tu veux la guerre, tu vas l'avoir ! » Mais, Totor ne comprend pas un mot de français. Didier essaie le grand classique de la super-feinte : arriver vite, stopper le ballon, viser le panier, faire semblant de shooter, puis passer le ballon au copain. Mais, Totor a vite capté le truc.

Première pause. 15 à 15 points au compteur. Josette a un nouveau plan de jeu.

— La cohésion d'équipe est bonne, mais il faut intensifier la défense. Il faut faire écran à ce ballon. Et toi, Didier, concentre-toi et neutralise-moi ce Totor !

— Il me colle à la colle forte.

— Ouais. Ça frôle la faute anti-sportive.

— T'inquiète, Jojo ! Je gère.

Didier repart. Justement, Totor le lâche une seconde pour tirer. Didier lui murmure un truc. Totor s'arrête une seconde, un air idiot sur le visage, pour regarder ses pieds. Cela suffit. Didier en profite pour lui chiper le ballon.

Le coach allemand appelle l'arbitre en formant un « T » avec ses mains pour demander le premier *temps mort*. Une minute de pause.

Josette les encourage :

— C'est pas trop mal pour l'instant, les mecs. Perdez pas la confiance ! Il faut y croire à fond.

— Bravo Didier, mais comment t'as fait pour Totor ?

— Je lui ai montré qui est le boss.

— Bien. On lâche pas la pression ! Et que ça saute !

Deuxième quart-temps, baisse de régime : 25 à 10 pour les Panthers. Josette demande son premier temps mort :

— *V*ous la voulez cette coupe ? Vous êtes en

train de vous endormir, là. Speedez un peu ou ça va mal finir !

Elle est vénère, tempête et fulmine rouge comme une écrevisse, remontée comme un coucou. Elle fait entrer un nouveau joueur. Popeye doit sortir et est remplacé par Magic, ce qui déprime Olivia.

Mi-temps : quinze minutes de pause. On change de panier. Les Panthers ont la main. Le tableau marque 37 à 12 pour les Panthers.

— C'est lamentable, les gars. Ils vont nous tuer. On va changer de constellation. Mamour, tu restes meneur, Bouboule est pivot, Calimero remplace Magic à l'aile, Olivia reste ailier fort, et Didi va à l'arrière. Il reste la moitié du match à jouer. C'est parti !

Les Lions reviennent sur le terrain avec une énergie renouvelée, le cœur vaillant, le regard vif. Mais la chance n'est pas de leur côté. Ils n'y arrivent pas. Ils ont désormais trente points de retard, c'est impossible de se refaire. Ils vont perdre méchamment. Il leur faut une baguette magique, sinon ils vont finir en chair à saucisse. Josette est une vraie cocotte-minute.

Troisième pause. 67 à 50 pour les Panthers. On revient au score, mais c'est très chaud. Josette change de tactique. Elle leur montre le plan.

— Et voilà comment je vois ça : Didi tu passes à l'assistance d'Olivia en tête de raquette, qui renvoie la balle à Bouboule, qui pivote vers Mamour. Compris ? Mamour, tu fonces sous le panneau et tu tires. Tout n'est pas perdu. On peut encore gagner ce match. Il faut rester unis, se serrer les coudes.

On arrive au *dernier quart-temps* et le score est de 69 à 57 pour les Panthers.

Deuxième temps mort accordé pour les Lions. 69 à 68 pour les Panthers.

Josette vocifère ses ultimes instructions. Elle leur montre le plan de match avec de nouvelles tactiques et stratégies offensives.

— Vous la voulez cette victoire, les gars ?

— Yeeeh, rugissent les Lions.

— Il faut relever la tête. On va tenter la formule magique. Ce que Josette appelle la formule magique, c'est l'attaque en triangle. Donc, Didier en tête de raquette, Mamour et Raoul ailiers. Gardez les yeux sur le panier ! Il nous faut marquer deux points. Juste deux petits points. Mettez dans le mille, tentez l'impossible, sinon les Panthers vont rentrer avec la coupe. Et que ça saute !

Troisième temps mort pour les Lions. Il reste cinq minutes de jeu. Josette est blanche comme un lavabo. C'est pas le moment de la titiller.

— Et si on jouait au basket ? Pêchez-moi ce ballon ! Vous avez envie de gagner ou quoi ? Alors, battez-vous ! Renversez la vapeur !

Mansour a une idée.

— Écoute, Jojo ! il nous manque deux petits points. L'un de nous leur pique le ballon, me le passe et je marque avant le coup de sifflet.

— Bon, d'accord, Mamour ! On fait ça.

— Mettez le paquet, mettez la gomme, mettez dans le mille ! Allez les mecs ! Au boulot !

Didier effleure discrètement son pendentif en dent de requin caché sous son maillot. Les chaînes et pendentifs sont interdits sur le terrain et il ne veut pas être remarqué. « *Go ! Go ! Go !* »

On est à la *trente-neuvième minute*. On est à un poil du coup de sifflet, un poil de la défaite. Les Allemands savourent déjà le délicieux son de la tireuse à bière qui remplit leur verre, accompagné du doux glouglou du liquide doré qui coule dans leur gorge.

Dans les tribunes, la foule est en feu. D'un côté, on entend « *Zack, Zack die Panthers* ! », et de l'autre « Allez, Allez les Lions ! »

Les Panthers sont tous agglutinés autour de Mansour. Soudain, par on ne sait quel mystère, devant les Lions, la voie se libère. Une voie royale. C'est un truc de fou. Olivia réussit à s'emparer du ballon, dribbler et repartir comme une flèche dans la direction opposée. D'une traite, elle couvre plusieurs mètres à une vitesse folle. Pratiquement en solo, elle traverse le terrain doublant tous ses adversaires. C'est du délire. C'est une balle d'enfer. Elle passe à Raoul, qui dribble deux fois et passe à Didier. Il va trop vite, il va manger le mur. Il arrive devant le panier. Personne ne le gêne. Où sont les Panthers ? Elles ont été droguées ou quoi ? Il entend la foule crier « Olé ! Olé ! Olé ! » Il est seul face au panier, et encore à l'intérieur de la zone des 6,25 m. C'est sa chance. La chance de sa vie.

Il lève les yeux. Pétrifié. Le panier est fixé à environ trois mètres du sol. C'est injuste. Pour les handicapés en chaise roulante, il devrait être abaissé. L'anneau métallique horizontal, qui porte le filet blanc à mailles larges, mesure quarante-six minuscules centimètres de diamètre. C'est mort.

Soudain, sans savoir pourquoi, il pense *JO-*

SETTE. Il voit devant lui le doux visage de la jeune fille, ses yeux émeraude et ses mèches rebelles qui lui couvre une partie de la figure. Elle lui crie : « *Shooooooote* ! » Sa chaise chancèle légèrement. Il oscille et vacille et chavire presque. Il est en équilibre sur une roue. Il va tomber, c'est sûr. Les carottes sont cuites, de toute façon.

Mais, soudain, son fauteuil commence à... tanguer, à flotter gentiment, à planer comme sur un... nuage.

SLOWMOTION. *Le nuage se met à monter. Oh la, la ! C'est un miracle. Il vole. Mais oui, la chaise est véritablement en train de décoller. Elle entre en lévitation. Didier sur son nuage rose (du moins, il croit qu'il est rose, il n'a pas vraiment le temps de vérifier la couleur) arrive bientôt pratiquement à hauteur du panier. C'est le moment ou jamais. Hop ! Il vise, tire.*

La sonnerie retentit. La dernière seconde s'est écoulée. C'est la fin du match. Les Lions ont perdu.

Mais, que se passe-t-il ? Les arbitres sont désemparés. Les spectateurs ont les yeux fixés sur le panier, la bouche ouverte. Les officiels de la table de marque sont rivés sur le chronomètre et les Lions joignent les mains. Il se peut qu'il y ait *buzzer beater*. C'est-à-dire que si le joueur a lâché le ballon <u>avant</u> que la sonnerie ne retentisse, le tir réussi peut être accordé.

La balle rebondit sur la planche, atterrit sur l'anneau métallique du panier, tourne et tourne. Elle n'arrête plus de tourner. Cela fait bien sept tours maintenant. C'est pas possible, elle va dépasser les vingt-quatre secondes réglementaires. Elle fait encore quelques petits tours sur elle-même (c'est pas vrai, elle le fait exprès !) et se décide enfin à… entrer dans le « Panieeeeeeeh ! »

Le nuage s'amenuise. La chaise atterrit tout en douceur. Didier reste planté là, la bouche ouverte, l'air vaguement idiot. Il rêve, bien entendu, il va se réveiller d'une seconde à l'autre. Il a pas marqué. Non, c'était trop tard. La sonnerie ? Il a vaguement entendu quelque chose sonner. Il baisse la tête. Mais où sont passés ses pieds ? Ils ont disparu, enveloppés dans un reste de… nuage rose.

Les deux arbitres avalent leur sifflet. Ils finissent par lever les deux bras en l'air en montrant deux doigts pour deux points accordés. Les officiels de la table de marque se lancent un coup d'œil. Panier accordé. « Yeeeeeeeeh ! » Les Lions rugissent. Cela réveille Didier.

Déluge d'applaudissements. La foule acclame Didier et toute l'équipe. On se jette sur le jeune garçon pour l'embrasser. Il est secoué de toute part. C'est du délire. Une pluie de paillettes dorées tombe sur les vainqueurs. Les supporters manquent d'étouffer les joueurs. Les Lions viennent de remporter la Ligue des Champions.

Josette saute de joie :

— Les enfants, aujourd'hui nous avons gagné le match et c'est grâce au petit nouveau.

— Pour Didi, hip, hip Hourrah !

— Pour Didi, hip, hip Hourrah !

Tous regardent Didier avec reconnaissance. Lui et Raoul brandissent la coupe des vainqueurs.

La coach est aux anges :

— Les mecs, on a eu très, très chaud. Mais vous avez été au top, et on va la fêter cette coupe. Et dignement. Je propose que Didi fasse partie du voyage en Italie l'année prochaine. Vous vous rappelez que nous allons à Rimini au bord de la mer ?

— Yeeeeeeh ! crie l'équipe.

— En plus, je le nomme capitaine adjoint. On est bien d'accord ?

— Yeeeeeeh ! hurle les autres.

Didier prend le ballon, le signe avec un feutre tendu par un supporter, puis le glisse dans la poche à l'arrière de sa chaise. La mer, il a bien entendu la mer. Et puis, il est promu capitaine adjoint.

Le journaliste allemand du *Spiegel* vient faire la photo de l'équipe qui brandit la coupe. Pas besoin de leur dire « *Cheeeeeese* ! » Les Panthers sont en pleine dépression. Ils vont devoir boire des tonnes de bière pour noyer tout ce chagrin.

— Encore une chose, dit Josette. Il nous faut un nouveau nom pour notre club. Il y a déjà une équipe de foot en ville qui s'appelle les Lions. Cela prête à confusion. Vous avez une idée ?

Didier pense à son ascension dans les airs, son envolée vers le panier.

— Les Anges, propose-t-il d'un seul coup.

— Yeeeh !, clame l'équipe.

— Bon, d'accord, dit Mansour, mais il faudra changer le cri de guerre, parce que « Les Anges vous mangeront, Hon, Hon, Hon ! », ça colle pas.

Didier se creuse la tête :

— Attends ! Peut-être : « Les Anges voleront jusqu'au panier, He, He, He ! » ça jouerait ?

— Ça colle.

Mais Josette a quelque chose à ajouter :

— Et c'est pas tout. N'oublions pas que nous sommes toujours dans la course pour l'insaisissable trophée de la Supercoupe ! La saison prochaine, on est invités à Nice, aussi au bord de la mer, pour un camp d'entraînement. Ensuite, il y aura le tournoi. Et, et… si on bosse dur, vraiment dur dur dur, on peut même rêver aux Paralympiques.

« Capitaine adjoint, la Supercoupe, la mer, les Paralympiques » : des mots magiques. Didier veut qu'on le pince, il doit rêver, c'est trop de bonheur à la fois.

— Jojo, pince-moi !

Elle le pince et il ne se réveille pas.

Ce soir, le champagne coule à flots. Les Anges fêtent dignement la victoire.

Tout le monde est parti.

— Eh ! Didi. Je peux t'appeler Didi ?

— Bien sûr.

— Merci. T'avais la pêche aujourd'hui.

— Je suis meilleur sous pression.

Le jeune garçon est un peu rouge.

— Ton tir d'extension à la fin là, génial.

— J'ai rien fait. C'est l'équipe. On est une équipe de choc.

— Arrête ! tu es un vrai champion. Durant une seconde, je sais pas…, j'ai eu comme l'impression que tu… Non, c'est naze.

— … que je m'envolais ?

Ils se regardent. Serait-ce possible que…

— Oui. C'était magique.

— Ouais. Je me suis véritablement senti pousser des ailes dans le dos.

— Tu veux dire au sens propre ?

— Carrément.

— Attends ! Laisse-moi voir !

Elle lui tâte le dos.

— Je sens rien. Non. Attends ! Je sais ! Tu as transformé ta chaise en siège éjectable.

— Oui. Bien sûr. Et elle a aussi un fusil-mitrailleur, un bouclier pare-balles et un écran radar, sans oublier les ailes rétractables, qui se déploient sur commande. C'est James Bond qui me l'a prêtée. T'as qu'à tâter !

Elle tâte le dos de la chaise.

— Non, je sens rien.

— Tu regardes trop la télé, Jojo.

Mais, Jojo n'a pas fini de cogiter.

— Attends ! C'est le ballon. Tu trouves pas qu'il a une drôle de couleur ? Genre fluorescent ?

Didier regarde le ballon. C'est vrai qu'il a une couleur bizarre.

— Jojo. Stop ! Tu es chelou. Tu sais bien que c'est Düsseldorf qui a fourni le ballon.

— Ouais. Bon. J'arrête.

Ils rigolent. Elle lui fait un gros câlin.

Jojo est vraiment une fille chouette, et grave mignonne avec ça. Elle a un charme fou avec ses jolies boucles « carotte » et ses taches de rousseur. Et, avec un tel nez, elle pourrait changer la face du monde.

Cette nuit, Didier rêve de trophées. Sa chambre entière croûle sous les coupes et mé- dailles de tous motifs, métaux et couleurs. Cer- taines représentent un ballon orange sur socle noir, un panier en or sur socle argent, avec panneau ou sans, un joueur qui dribble, etc. Pour les exposer toutes, il a dû installer une nouvelle étagère. Faute de place, il a même dû décrocher la cible en bois avec les nombreux couteaux plantés dedans. Tant pis !

Sur le mur, les posters de Ronaldo, Messi, Maradona et Kilian Mbappé ont disparu pour faire place à un énorme poster intitulé The King. C'est Didier Spätzli en tenue de basket. Entre ses mains: un ballon orange fluo.

22
ROME

Didier a réalisé son rêve et est parti avec Josette et toute l'équipe sous le soleil de l'Italie. C'est le pied.

Et puis, les années sont passées, et les « Anges » sont devenus imbattables. C'est pas encore la NBA du handibasket, mais pas loin.

Cet été-là, ils prennent l'avion pour Rome pour la coupe des coupes. Les Anges s'envolent vers la victoire. En tout cas, rien n'est impossible, il leur faut juste encore un peu de bol. Et puis, même, ce qui compte c'est de jouer pour le fun.

Ils sont venus un jour plus tôt pour profiter de la ville et faire un peu de tourisme.

Ils sont dans la même chambre d'hôtel. Didier dort encore, mais Jojo est déjà au laptop en train d'étudier des plans de match. Elle marmonne :

— Ouais, il faut encore que Didi exerce ses tirs en cloche.

— Eh ! Tu viens de me traiter de « cloche » là ?

C'est Didier, qui a ouvert un quart d'œil.

— T'es bête ! Je disais que ça serait bien que tu répètes tes tirs en cloche.

— Ah bon ! C'est quelle heure ?

— L'heure de se lever.

— Mmmm… J'adore ce lit. On est comme sur un nuage.

— C'est normal, puisque tu es un « Ange ».

— Carrément. Et toi, t'as bien dormi ?

— Ça va. Juste que j'entendais comme la sérénade d'un amoureux qui se produit sous les fenêtres de sa bien-aimée.

— Sérieux ?

— Je suis une romantique incurable. Ça devait venir du restaurant au rez-de-chaussée.

— C'est normal puisque les Romains sont le peuple de l'amour.

— Ah oui ?

— Tu n'es pas sans savoir, ma chère Josette, que « ROMA » est le palindrome du mot « AMOR ».

Josette n'a aucune idée de ce qu'est un palindrome. Il faudra qu'elle cherche ce mot sur Google.

— Eh, Didier au fait. Lors de cette fameuse victoire contre les Panthers à Düsseldorf, tu m'as jamais révélé comment t'avais fait pour te débarrasser de ce Totor qui te collait. Qu'est-ce que tu lui as dit ?

— C'était une feinte. Je me suis souvenu de la plaisanterie qu'on faisait toujours à Olivia. Je lui ai dit : « *Eh Totor, schnür deine Schuhe zu !* », ce qui veut dire « Eh Totor, lace tes chaussures ! » Heureusement que j'écoutais aux cours d'allemand. Il a mordu. Il a regardé ses pieds d'un air béat et j'ai eu le temps de lui chourrer le ballon.

— Hi Hi Hi !

— Il a eu honte de s'être fait avoir et, depuis là, il m'a foutu une paix royale. Preuve que ça sert à quelque chose d'apprendre les langues.

— C'est tout ?

— Non, je l'ai aussi traité de « poule mouillée », mais ça, je crois pas que c'est trop grave, parce que j'ai dit « *Nasses Huhn* », donc c'était en fait « poule pas sèche ».

— Tant mieux ! Et comment on dit « poule mouillée » en allemand ?

— *Weiches Huhn*.

— *Weiches Huhn* ? Poule tendre ? Ouais, ton allemand, c'est pas encore ça.

— Et puisqu'on en est aux aveux : dis-moi, comment t'as fait, à l'époque, pour réussir à me convaincre de jouer au basket ?

— Bon, je dois dire que ta maman m'a un peu aidée.

— Je le savais ! Vous êtes de belles complotistes.

— C'était pour la bonne cause.

— Ça oui.

— Tu te sens d'attaque pour demain ?

— On va tout déchirer.

— Ouais, quand même, les cadors de Rome vont pas nous faire de quartier, il va falloir mettre le turbo.

— T'as les boules ?

— Non, on va assurer.

— Carrément.

Josette va prendre sa douche. Il allume la radio :

— *Ti odio e ti amo,*[1]
»È una farfalla che muore sbattendo le ali,[2]

C'est la chanson d'Umberto Tozzi *Ti amo*. Il commence à chanter à tue-tête avec la radio :

— *TiAAAAmo, Ti amo, Ti AAAAmo, Ti amo.*

Depuis le lit, il aperçoit que guigne, hors du sac de sport de Jojo, au milieu d'un chaos de fringues, de chaussures, d'accessoires et de produits cosmétiques, un ballon de basket d'une drôle de couleur, genre orange fluo. Or, celui du match ainsi que les éventuelles balles de réserve doivent être fournis par le club recevant, donc les Cadors romains. Il le sait et Josette aussi.

Josette sort de la douche.

— Dis donc, Josette, ce ballon orange dans ton sac, c'est quoi ?

— Regarde !

Elle lui tend le ballon. C'est celui qu'il avait signé quelques années plus tôt, à Düsseldorf justement.

— Tu te souviens ?

— Comment pourrais-je oublier ?

— Ce panier à la fin, c'était une bombe.

— T'as gardé le ballon pendant toutes ces années.

---

[1] Je te hais et je t'aime,
[2] C'est comme un papillon qui meurt en battant des ailes

— C'est mon ballon porte-bonheur. Je l'emporte partout avec moi.

Elle s'en saisit et l'embrasse.

— WOW !

— Et alors, tu as l'intention de te lever aujourd'hui ?

— Nop.

— Arrête de faire le mariole !

— À vos ordres, cheffe. C'est quoi le programme ?

— Alors, ce matin, d'abord solide petit-déj, jogging dans le parc, trois cents pompes, yoga et massage. Cet après-midi, on se fait un petit « Colisée » et ce soir *tipico ristorante italiano*.

— Hmm… Spaghetti alle vongole ?

— OK, mais avec modération. N'oublie pas le match demain !

— Avec parmigiano ?

— Ça fera cinq cents pompes de plus.

— Je te déteste.

Didier fait la moue. Il n'aime les spaghettis que sous forme de montagne gigantesque avec une tonne de parmigiano. Mais, cinq cents pompes, ça fait cher.

— Et un dessert ? Un petit tiramisu ?

— Bon, bon. Un tout petit.

— Bon. Bon. Je prendrai la loupe.

— On y va ?

— Je me réjouis pour le café. Il est trop bon le café italien.

— Carrément. Et les gelati alors ?

— Grave.

Mais, si Jojo veut que Didi s'extirpe enfin des plumes, il faut d'abord qu'elle lui donne sa « vitamine M ». Ce que Didier appelle vitamine M, c'est un petit mimi sur le nez.

Il s'est assis à une petite table.

— Attends une minute, j'aimerais écrire une carte postale.

Il ronge son crayon. Il pense à sa famille restée à la maison. Les pauvres ! Il songe à quelque chose d'amusant pour leur dire combien il les aime avec des « *Tanti saluti* », des smileys et des cœurs rouges partout et aussi un texte un peu profond. Mais, il n'a pas d'inspiration du tout et sèche complètement. Il demande conseil à Jojo, qui est de nouveau en train de tapoter sur son ordi.

— Attends Didi ! Je crois que je viens de trouver un truc sur Internet.

Et voilà ce que Jojo a trouvé :

« Lorsqu'il est joué comme il est censé l'être, le basket-ball se déroule dans les airs. Volant, flottant, élevé au-dessus du parquet, en lévitation à la façon dont les peuples opprimés s'imaginent dans leurs rêves. »

John Edgar Wideman, **auteur américain.**